統《とう》合《ごう》知《ち》

〝ややこしい問題〟を解決するためのコミュニケーション

講談社

はじめに

2011年3月11日の未曾有《みぞう》の大震災後、はじめて迎える日本の夏は、ここ数年の傾向通りに猛暑が続きました。うだるような暑さの中で、私は福島県に何度も足を運ぶことになりました。福島県産の農産物の風評被害対策プロジェクトに関わることになったからです。

仕事がはじまった当初は、スーツ姿で新幹線に乗って出張に出かけましたが、7月下旬から8月さらに9月と、仕事が本格化するにしたがって、平日だけでなくTシャツとジーパン姿で、土日にも福島県に出かけるようになりました。

東京駅から福島駅へ約1時間40分、東北新幹線「Maxやまびこ」の車窓は、のどかな田園風景が続きます。同じ新幹線の出張でも、東海道新幹線で関西方面に向かうときの車窓とは全く趣が異なります。福島県の玄関口である郡山駅を過ぎてから、次の福島駅に到着するまでの14分間は、特にのんびりと緑の田んぼが広がっています。その風景を眺めながら、つくづく「福島は広いなあ」と思うのです。実際に、福島県の総面積は1万3781・82平方キロで北海道、岩手に続いて全国第3位。田んぼと畑をあわせた耕地面積は1445平方キロで全国第7位です。そして、この広さが、いま福島の人たちが取り組んでいる放射性物質に対する「除染」

と、そこから収穫される農作物の「検査」に直結しているのだなあと痛感するのです。

かく言う私の自己紹介からはじめましょう。私はインテグレートというマーケティング・プランニング会社のCOO（副代表）であり、20年来、マーケティングとPR（パブリック・リレーションズ）を追いかけてきた人間です。山田まさると申します。どうぞ、よろしくお願いします。

私の普段の仕事は、企業の事業戦略、特にマーケティング戦略のお手伝いです。年間200件以上のマーケティング戦略の設計と実践を手掛けています。その傍らで、私個人は2006年頃から、社会問題（ソーシャル・イシュー）に関わるPR活動やNPOのお手伝いをするようになりました。最初は知人を介してのボランティアが多かったのですが、最近は仕事としての依頼も増えてきました。但し、いずれにしても、ビジネスとして〝十分な収益を上げることができる〟案件ではありません。それでも年間に1件、2件と進んでそのような経験を買って出るようにしてきたのは、私が個人的に「ボランティア」を志向したからではありません。近い将来、従来のマーケティング・ルールでは解決できない「社会問題×マーケティング」のようなテーマが出てくるだろう、と考えていたからです。当時は漠然とですが〝**ソーシャル**〟×〝**マーケティング・コミュニケーション**〟が求められる時代が来るだろうと思っていました。

私がソーシャルなテーマを扱うようになった２００６〜０７年と言えば、小泉内閣が退陣したり、『発掘！あるある大事典』が捏造問題で打ち切られたりした頃です。この２つの出来事は、私がテレビ中心のマス・コミュニケーションの行き詰まりを危惧するきっかけになりました。すでにＷｅｂの波が押し寄せてきていました。ネットが隆盛で、旧マス・メディアの陰りが顕著になり始めた頃です。

少子高齢化で国内市場がますます縮小する中で、いままで通りのマス・マーケティングを追求するだけではクライアント企業も自分たちも成長できない時代が来るのではないか。マーケティングにも、ＰＲにも新しい思考法が必要になるだろうと感じていました。あれから5年、企業、社会、メディア、それぞれの風景の中で、私の予想は遠からず現実のものになってきています。従来のやり方では、上手く解決できない様々な課題が私たちの目の前に現れはじめていました。そんな中で、２０１１年3月11日、あの地震が発生しました。

さて、この本では、〝ややこしい問題〟を解決するためのコミュニケーションを考えます。そこでまず、〝ややこしい問題〟の意味を規定しておきます。「問題」を英語にすると、「プロブレム【problem】」ですが、ここでは「イシュー【issue】」の方がニュアンスとしては近いです。イシューという言葉は耳慣れない方もいらっしゃるかもしれませんが、プロブレムより解決の難易度が高くて、やっかいな問題ということです。これを大阪弁に翻訳すると〝ややこしい問題〟となります。「ややこしい」は、〈ややこ（赤ん坊）のように扱いづらい〉というのが語源のようです。辞書で調べれば「問題の内容が複雑（込み入った・ごちゃごちゃした・やっかいな……等）で、その解決が面倒な（悩ましい、一筋縄ではいかない、こじれてもめる……等）状況を言う」とあります。

「父親の遺産相続をめぐって、母と兄貴と三つ巴でもめています。実は、そこに新たに親父の隠し子だと言う妹が見つかりました」。これは確かに〝ややこしい！〟。ですが、こちらの問題は、私にではなく弁護士さんに相談いただくとして、本書が取り扱うのは、経済や社会に関わる問題で、その解決が多数の人にとって意味があるものに限らせていただきます。つまり、**個人や企業が社会との関係の中で抱えている難問**ということになります。

さらに、その〝ややこしさ〟に、利害関係や人間の理性〈「知識（⇔無知）」「関心（⇔無関心）」「理解（⇔理解不足）」〉や感情が深く関わっている場合には、コミュニケーションが「問題解決」の鍵を握ることになります。そういう問題が本書で取り扱う〝ややこしい問題〟です。

実は、私たちは普段から「問題解決」にコミュニケーションを使っています。例えば、企業は顧客に、受験生は面接官に、恋する人は大好きなあの人に、好意をもって受け入れてもらうためにコミュニケーションを仕掛けます。「他人よりも、目立って、よく見られたい。そして、選ばれたい……」という自己アピールのコミュニケーションです。あるいは、社長は社員を、親は子供を叱咤激励しますね。「モチベーションをあげて、仕事や勉強に積極的に取り組んでもらいたい」というコミュニケーションです。

いずれの場合もコミュニケーションの前提である〈**問題と解決策の関係**〉が明らかです。目指すべき〈**課題解決の筋道**〉がわかった上で、それを実現するためにコミュニケーションを使っています。

もちろん、コミュニケーションの中身については創意工夫が必要ですし、やり方がまずければ成果が上がらないこともあるでしょう。但し、私たちが普段使っているコミュニケーションでは、そもそもの「問題と解決策の関係」や「利害関係」「人間関係」の複雑さに頭を悩ますことはありません。

ところが、〝ややこしい問題〟というのは、この前提となる筋道が明らかになっていません。だから、ややこしいわけです。そういう〝ややこしい問題〟を解決するためには、「そもそも問題の本質はどこにあるのか」「そのための解決策の可能性と方向性をどこに見出すのか」「そこには誰がどう関わるべきなのか」などを一から問い直すコミュニケーションが必要になってきます。問題をひも解いて、解決の筋道を少しずつ明らかにしていくわけです。この一連の活動のキー・ドライバーが「**統合知**」――人の英知を結集させること――です。

いま、私たちの周りには〝ややこしい問題〟が山積しています。沖縄の基地問題、東日本大震災復興対策、原発事故による放射能汚染の問題、今後のエネルギー政策、TPP、さらにグローバルに目を転じれば、欧州の金融危機、米国経済の停滞等、〝ややこしい問題〟は連日の報道からいくらでも拾いあげることができます。一方で日本の経済を牽引する日本企業の状況はというと、低成長、不況感は拭えません。大卒の就職率が最低記録を更新し、完全失業率も依然として高いままです。

なんだか気持ちが暗くなってきましたが、悲観と達観に終始している時間はありません。この閉塞感を打ち破って、これらの難題をいかに解決していくのかが本書のテーマです。

普段のコミュニケーションに比べて、〝ややこしい問題〟への取り組みは、当然、時間も労力も余計に費やすことになります。当事者には大きな負担がかかるでしょう。しかし、それでも〝ややこしい問題〟の解決に取り組む価値は大いにあります。

まず、企業でも社会でも個人でも、対象となる問題が重要、かつ深刻であればあるほど、解決したときの意義は大きいということになります。難問解決で得られる直接の成果です。

もう一つの成果は、難問解決に取り組んだ人間の成長です。

例えば、企業のマーケティングでは、〝ライバル企業との競争に勝つ〟〝他社よりも売り上げやシェアを伸ばす〟ことを目指すのが通常の取り組みです。

一方で、自社の抱える〝ややこしい問題〟の解決に取り組んだ場合は、まず問題の本質を見極め、解決のために困難な状況を切り拓き、ハードルを乗り越える努力をします。その結果、自分たちの競争力が高まり、競争相手よりも優位なポジションを獲得できるということになります。

つまり、「競争に勝つ」ことが自社の問題解決だと考えるのか、「難問解決」に立ち向かうことで、結果的に「競争力が高まる」と考えるのか、の違いです。本書は明らかに後者の立場をとります。

企業でも個人でも、難問解決にチャレンジすることで、固くなった自分の殻を打ち破る自己変革が促されます。いわば「脱皮」です。〝ややこしい問題〟の解決に取り組むことで〝一皮むける〟ということです。

この夏の福島に通いながら、いつも考えさせられたのが、私たち日本人の「問題解決力」についてです。沖縄の基地問題も、福島の復興も、TPPも、いずれも〝ややこしい問題〟であることは十分理解しつつも、やはり、コミュニケーションのやり方次第で、問題を解決に導くのか、さらに「ややこしく」していくのかの差は大きいと感じました。

これまで、私たちは「自己主張」や「競争」のためのコミュニケーションについては、かなりの訓練と経験を積んできたかもしれません。ところが、問題の本質を見極めながら、皆で意見を交わし、さらに多くの人を巻き込みながら解決策を探る、難問を解決するためのコミュニケーションについては、訓練も経験も大いに不足していると思います。残念ながら、それが、私たちのコミュニティ（国、地域、企業等）の力不足につながっているのではないでしょうか。

本書はボランティア活動や社会貢献活動を主眼にしたものではありません。企業や社会の抱える〝ややこしい問題〟の解決に取り組むプロジェクト・リーダーの視点に立って、コミュニケーション戦略の設計と実践について考えます。また何よりも、読者の皆さん一人一人が、〝ややこしい問題〟の解決について考えてくださることを期待しています。

私たちの経験を〝たたき台〟にしながら、〝ややこしい問題〟を解決するための〈コミュニケーションのつくり方〉を皆さんにご提案したいと思います。それでは、最後までお付き合いください。

２０１１年冬　インテグレートＣＯＯ　山田まさる

目次

本書における基本的な言葉の使い方、定義を明らかにしておきましょう！

『ややこしい問題を解決する』＝「難問解決」としまます。〈問題と解決策の関係〉が不明ですから、「問題の見極め」「利害関係」「人間関係」を一つひとつ、ひも解きながら、解決の筋道を明らかにしていく必要があります。これを、

『問題解決思考のコミュニケーション』

と呼びます（あるいは、『難問解決コミュニケーション」と呼びます）。

対して、あまりややこしくない問題解決コミュニケーションについては、動かしたい相手（ターゲット）の心理と行動に照準を合わせるという意味で、

『ターゲット思考のコミュニケーション』

と呼びます。こちらは〈問題と解決策の関係〉が明らかです。但し、決してコミュニケーションが容易なわけではありません。その関係の中で高い精度が求められます。

本書ではコミュニケーションの実践、ケーススタディを紹介します。個人でも法人でも「難問解決」に取り組む人々が登場します。彼らのチャレンジを紹介しながら、本書が提案する方法論が、実践でどう活かせるのかをイメージしていただければと思っています。

※なお、序章の魚鱗癬、第４章の福島県のプロジェクト、第５章のダイキン工業株式会社のケースについては、私が実際に仕事として参画したものです。今回、改めて関係者の皆様に取材をさせていただきました。第２章の株式会社ガリバーインターナショナル、第４章のNPO法人ゆうきの里東和ふるさとづくり協議会、第５章の味の素株式会社のケースについては、本書の趣旨に沿って当事者の皆様に取材をして書き起こしたものです。本文中、各法人、関係者の皆様の敬称を省略させていただいております。

※東日本大震災で被災された皆様に心よりお見舞いを申し上げます。第４章では、復興の一助になることを前提に震災および原発事故の被害を題材にさせていただきます。

序章

難問解決への挑戦

梅本千鶴さんは人生を揺るがす難問に対峙しながら、
怯《ひる》むことなく、一つひとつ問題を解決してきた人です。
梅本さんが決して慌てないのは、
急いでも仕方がないことを知っているからです。
梅本さんが決して揺らがないのは、
譲っていては前に進まないことを知っているからです。
その姿勢は難問解決に挑む人に共通するものだと、私は思っています。

ケース1．魚鱗癬

振り返ってみれば「運命的な出会いだったなあ」と感じる出会いがあります。私なんかが、今日までなんとか生き残ってこられたのは、そういう幸運な出会いに数多く恵まれたからでしょう。北九州に住む魚鱗癬《ぎょりんせん》の患者会「ひまわり」の代表、梅本千鶴さんと息子の遼君との出会いも、その中の一つです。私がもう一度、ソーシャル・イシュー（社会的問題）に関わるチャンスをくれたのが、魚鱗癬の患者会の仕事でした。

「もう一度」というのは、私にはPRの仕事をはじめたばかりの駆けだしの頃に、チャリティ企画で失敗した苦い経験があったからです。もう15年も前の話です。あるクライアント企業のPR企画で盲目の子供たちのサッカーを支援するというチャリティ・キャンペーンを考えました。メロディボール（蹴ると転がるときに音が鳴るサッカーボール）が生産中止になるらしいと聞き、このメロディボールの生産継続のためのキャンペーンをやりたい！　と考えました。クライアントの企画への評価が上々だったので、私は各方面との折衝・交渉を精力的に進めていました。盲学校の関係者の皆さんにも期待をしてもらっていました。

そんな中で、ある全国紙の夕刊の1面に、企画段階のこの話がニュースとして掲載されます。

記事を見た瞬間、私は凍りつきました。当然です。クライアントやプロサッカー選手等との交渉もまだまだ企画途中で、新聞記事になるようなタイミングではなかったからです。その結果、クライアントはじめ関係各方面からのクレームと怒号の嵐でした。後で聞いてみると、企画の話を聞きつけた記者が、裏付けも不十分なまま記事を書いてしまったようでした。すべては後の祭り、私の仕事の進め方の甘さが原因でした。結局この企画は何の成果もあげずに、ただ周囲の皆さんを不愉快にして、迷惑だけをかけて終わりました。

この経験から「仕事にはチャリティ、ボランティアは持ち込まないぞ！」という勝手な信条をつくって、以来15年、その手の企画は敬遠してきたわけです。

そんな私のもとに、ある人を介して梅本さんが訪ねて来られたのは、2006年の早春でした。

梅本さんの抱える難問「魚鱗癬」について

読者の皆さんは魚鱗癬という病気をご存知でしょうか。私も梅本さんに出会うまでその病名も知りませんでした。先天性の（遺伝子の異常による）皮膚の疾患です（写真1）。皮膚が乾き、魚のうろこ状になり、はがれ落ちます。皮膚の表面がひび割れ、痛むと同時に、体温調節が困

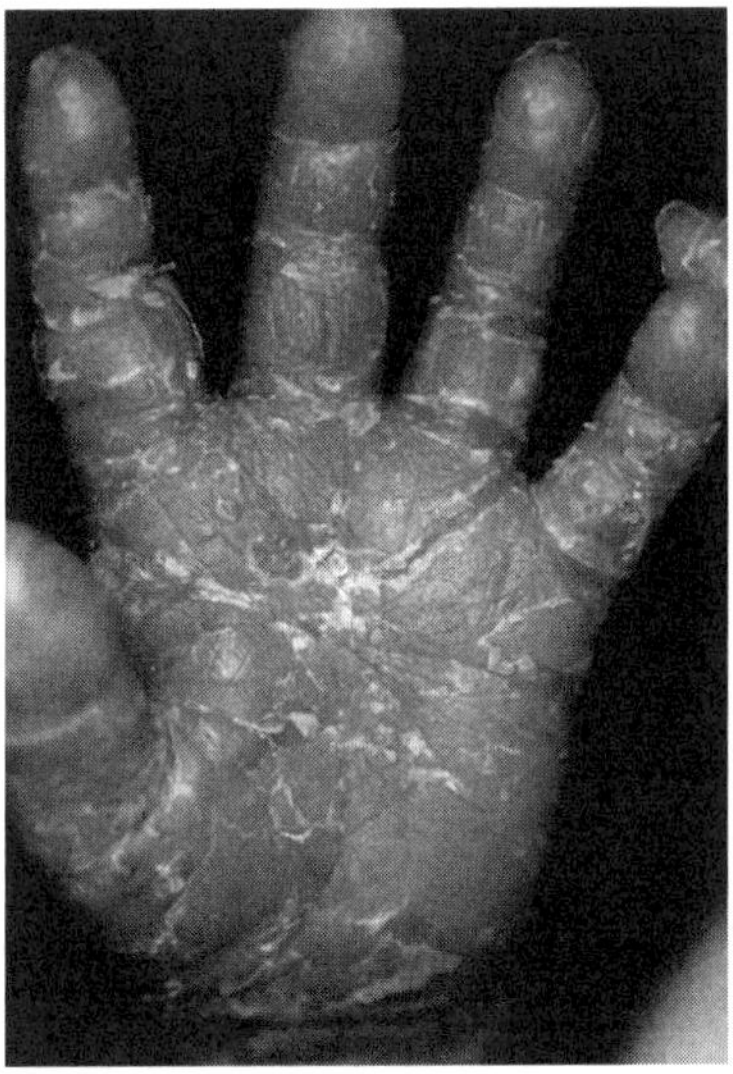

（写真1）

難で、いつも感染症から身を守るためのスキンケアが必要になります。遼君は、この病気の中でも重度の水疱型先天性魚鱗癬様紅皮症患者で、10万人に1人の難病です。

遼君が生まれて魚鱗癬であるとわかっても、東京の慶応病院の専門医以外に病気のことを相談できる相手は誰もいなかったと言います。魚鱗癬という病名を伝えても、知っている人は誰もいませんでした。ある時、病院の看護師さんから、認定NPO法人「難病のこども支援全国ネットワーク」という団体の存在を教えられ、同じ病気の子供を持つ方と知り合いになれるかもしれないと、早速連絡を取ってみたものの、そこでも、魚鱗癬の子供を持つご家族の情報はなかったそうです。

闘病そのものも厳しいものでしたが、それ

以上に、悩みや気持ちを誰とも共有できないことがつらかった、と梅本さんは振り返ります。

そんな中で、遼君が3歳のときに、慶応大学から橋本隆先生が久留米《くるめ》大学医学部に赴任してきます。以来、この橋本先生が遼君の主治医となって、また魚鱗癬の患者会のサポーターとして、梅本さんの活動を支えてくれることになります。

時を同じくして大阪に1人、魚鱗癬の患者さんがいることがわかり、連絡を取り合い、交流が始まります。

「同じ病気を抱える子供を持つ方と知り合うことができ、自分の思いに対して共感してもらえる人ができたことがとてもうれしかったのを憶えています。日常のケアは誰も教えてくれなかった。病院の先生もお風呂のお湯の温度は何度くらいが良いのかまでは教えてくれません。子供が小さい時には、すぐ熱を出しました。風邪だと思っていたら、実は感染による発熱でした。すべて、手探りで対処しなければならず、苦労しました。大阪の方と始終連絡を取り合い、お互いの子供の様子を話すことで、とても気持ちが楽になりました。同じ病気と闘う友達がいるということはとても大切な事だと実感しました」

その後、梅本さんは橋本先生のすすめもあって、患者会の代表として「魚鱗癬の会」を立ち上げることになります。橋本先生は「医師は治療をすることはできるけれど日常的なフォローはなかなかできない。患者会の代表として、患者さんやご家族の悩みを聞いてあげられないか」

と梅本さんに相談を持ちかけます。梅本さんは、これからのお母さんたちに、自分と同じ苦労を味わわせたくない、という気持ちからこの依頼を引き受けたと言います。さらに梅本さんには、患者会の活動にかけるもう一つの想いがあります。

「患者会の代表を引き受けたもう一つの動機は、当時は魚鱗癬という病名を言っても、誰にも分かってもらえなかったので、会の活動を通じて、魚鱗癬という病名を少しでも多くの人に知ってほしかったから。一般の人はもちろん、病院の医師でも病名を知っている人はごく一部の専門医に限られていました。皮膚科の先生で知らない方もいる。病気の存在を知ってもらい、病状を理解してもらうことから始めようと思ったのです」

患者会の活動を通じて、梅本さんは全国の皮膚科医、小児科医等への働きかけをはじめます。冊子をつくり、教育関係者への情報提供もはじめます。地元のテレビ局や新聞社も会の活動を取り上げてくれるようになりました。一歩一歩活動を積み上げながら、全国版の新聞やテレビに取り上げて欲しいと思うようになったと言います。

「患者会のメンバーは全国にいますから、福岡だけでなく、なんとか全国版の新聞やテレビに取り上げていただきたいと思うようになりました。地元の記者の方に相談すると、やはり東京から情報を発信していくべきだというアドバイスをもらいました」

梅本さんからの依頼

当時、中央区の佃《つくだ》にあった私のオフィスにお見えになった梅本さんは、開口一番「この病気を有名にしたいのです」とおっしゃいました。このときの梅本さんは、実に理路整然とまっすぐに用件を伝えてこられたので、今でもその内容をはっきりと憶えています。

「魚鱗癬という病気は（中でも重篤なものは）、日常生活を送るのもままならない難病です」

「魚鱗癬という病気は皮膚の病気で、皮膚がひび割れ、荒れて見えるので、〝感染する（うつる）〟と言われて差別を受けます」

「アトピー性皮膚炎で重篤な方も、同じように外見上で悩まれていると思いますが、周囲も〝アトピー〟という病気をご存知なので、〝感染する（うつる）〟と言われるような差別はないと思います」

「だから、魚鱗癬という病気を有名にしたい、そのためにPRをしたいのです」

「自分の息子は小学5年生です。いま患者会の子供たちの中では年上の方です。中学に入り、やがて高校、大学、就職と、その度に、いわれなき差別を受ける可能性がある。うちの息子の後には後輩たちが続きます。私も息子も、新聞でもテレビでも雑誌でも、いつでも出ます（顔出しで取材を受けます）。是非、息子とそれに続く子供たちのために、ＰＲを手伝っていただきたい」

私は「わかりました。お手伝いしましょう」とその場で協力を約束しました。当時の気持ちまでは憶えていませんが、はっきりと2つのことが頭の中にあったと思います。一つは梅本さんのお話の内容から魚鱗癬という病気と梅本さん親子の闘いは、東京のメディア、特に全国紙（新聞）の記者に訴えることができる、記事になり得るという判断。もう一つはＰＲ会社の経営者として、そろそろ封印（自分で勝手に決めた前述の信条）を解いて、一年に1件ずつでも、社会問題に関わる案件を手掛けるべきだと思い始めていたことです。そこにこのお話が舞い込んできたということで運命的なものを感じていました。「やるしかない」と迷いなく即決できました。もちろん、実費含め、全て自社からの持ち出しで動くことが前提です。

なぜ、当時、私が社会問題に関わる案件に着手しようとしていたのかは、端的に言えば「ＰＲ」という仕事の将来像を考えたときに、企業のマーケティングを支援するという側面と、もう一つ、社会問題の解決を支援するという側面があるはずだと思っていたからです。しかし、当時の日本のＰＲ業界の中には、そういう取り組みや主張はなかなか見当たらなかった。政党のＰＲとか製薬会社のＰＲとか、テーマとして社会問題に近いところで仕事をしている例はありましたが、クライアントの広報活動のお手伝いをしているだけで、問題の本質に深く踏み込んで取り組んでいる事例は少なかったと思います。今すぐにはビジネスにならないけれど、将来のために少しでも知見を蓄えておこうと考えたわけです。

魚鱗癬のPRはじまる

さて、梅本さん親子と出会ってはじまった魚鱗癬のPRですが、北九州と東京という距離の問題もあり、まずは着実にできることからはじめようということにしました。スタッフには、超ベテランのPRマンをと、産休明けのママさんPRウーマンの2人を選びました。最初に実施したのは、東京での記者向けのセミナーで、参加記者は3名程だったと思います。それでも参加いただいた共同通信、毎日新聞、東京新聞の全社が大きく取り扱ってくれました。その後、TBS『NEWS23』にも取り上げられました。滑り出しは順調に見えました。但し、取り上げられた記事や番組を見ながら、私は梅本さんに出会った時から漠然と感じていた〝違和感〟をはっきりと自覚するようになりました。

記事や番組は、魚鱗癬という病気の存在、難病と闘う遼君の姿を伝えています。記事を読んだ人、番組を見た人は「かわいそうに」「がんばってほしい」という気持ちにはなったとしても、それ以上の態度や行動を示せないだろうと感じました。特にテレビで遼君の闘病の模様を見た人は、間違いなく誰もがいたたまれない気持ちになったことでしょう。しかし、その気持ちのやり場がどこにもないことに気付きました。梅本さんが最初に訴えられた「有名にしたい！」という心情は痛いほど理解できたのですが、このままでは、一過性のＰＲに終わって、人を巻き込むことはできないのではないかと考えました。

そこで、私は、そのことを梅本さんに率直にお伝えしました。「どんなことでもいいですから、患者会の活動に目標を持てませんか」「テレビを見た人や記事を読んだ人が共感できて、応援できるようなものがいいですね」と助言もしました。

魚鱗癬の〝議題設定〟

梅本さんたち患者会の方々が橋本先生とも相談をされて、出されたアイデアは、厚生労働省の難治性疾患（難病）指定を目指すというものでした。素晴らしい目標でした。この目標を得たことで、患者会の活動が変わりました。梅本さん親子はじめ、患者会の皆さんは地元久留米の駅前で署名運動を繰り広げます。梅本さんは積極的に東京へ陳情に出向き、厚生労働省にも通います。

〝魚鱗癬を有名にしたい〟というのが当初のコミュニケーション目標でした。患者会にとっての最大の問題は、いわれなき差別であり、それを解決する筋道は、知名度をあげることだと考えたわけです。ところが、「病気を有名にしたい」というアピールは報道関係者までは通じても、その先にいる読者や視聴者にとっては〝自分事〟になりにくい問いかけです。患者さんやそのご家族にとっては切実な問題でも、問いかけられた一般の読者、視聴者には、なんともしてあげられないわけです。

そこで、梅本さんたちは、「難病指定を目指す」という活動目標を立てて、それを新しい「議題」に設定したわけです。この議題設定が以降の患者会の活動と、メディア、さらにその向こうにいる読者、視聴者の受け止め方を大きく変えることになります。

星野監督の檄が飛ぶ！　ありがとう『NEWS　ZERO』

様々な報道関係者と話をしていく中で、日本テレビ『NEWS　ZERO』のディレクターが魚鱗癬患者会の活動に着目してくれました。担当ディレクターのお二人、鈴木拓也さん、安瀬善康さんは、2007年から頻繁に梅本さん親子が住む北九州に通うようになります。普段の生活、近所の川で泳いでいる遼君の姿など、計20回以上のロケを敢行します。「お涙頂戴で〝大変ですね〟だけで終わるような番組にはしません！」と企画趣旨も明確でした。この企画の大きなテーマが、難病指定獲得に向けた梅本さん親子の挑戦であったことは言うまでもありません。

２００８年2月、5月、6月と全部で3回の特集を組んでもらいました。この番組の反響は絶大でした。特に1回目の放送では、スタジオのゲストコメンテーターであった星野仙一さんが「政治家は何をやっているのか。もっとこういう人たちの気持ちをすくいとるべきじゃないか!!」と檄を飛ばしてくれました。

実際、オンエアの夜、複数の政党、政治家から梅本さんに連絡が入ったそうです。この番組放映後の反響の大きさは梅本さんの予想を超えるものでした。

「やはり、全国ネットのテレビに取り上げられると、いろんな反響があります。大学病院の先生方からも応援の声があがり、人権問題をテーマにした講演や看護学生向けのセミナーの依頼などもあり、放送後の反響こそが大切だと感じました」

反面、ネガティブな反応への覚悟も求められます。私自身、一般の方がテレビの取材を受けるリスクには神経をとがらせます。梅本さんにその点をうかがったところ、「お陰さまで、私たちはそういうネガティブな反応に出会ったことがありません。でも、他の患者さんが番組で紹介された後に、ネット上でひどい書き込みをされたことがあります。ですから、私は自分の子供は親の責任において出演を決断できますが、他のご家族を紹介することは怖くてできません」

『ＮＥＷＳ　ＺＥＲＯ』の2回目の特集後、２００８年の6月に、魚鱗癬は、厚生労働省から「難病指定」を受けることができました。２００６年からスタートしたＰＲが一つの成果に結びついた瞬間でした。

この年の夏休み最終日、日本テレビ恒例の『24時間テレビ』に出演した梅本さん親子（写真2）は、武道館でのテレビ生出演を終えて、九州への帰路の途中、羽田空港で見ず知らずの人たちに「テレビ見たよ」「がんばってくださいね」と何度も声をかけられたそうです。後日、その様子を笑顔でお話しされている梅本さんを見ながら、当初の依頼であった「病気を有名に！」という願いに少しは応えられたのかなと思いました。

魚鱗癬と梅本さんからの示唆

まず何よりも、梅本千鶴さんの難問解決に取り組む姿から得られる示唆があります。

病名病態もはっきり掴めない難病をもってわが子が生まれてきたときの気持ち、それは他人には想像すらできないものです。その中で、梅本さんは、私に対してもそうだったように、常に周りの人に対して、率直に応対され、活動にも貪欲に取り組まれています。梅本さんは「可

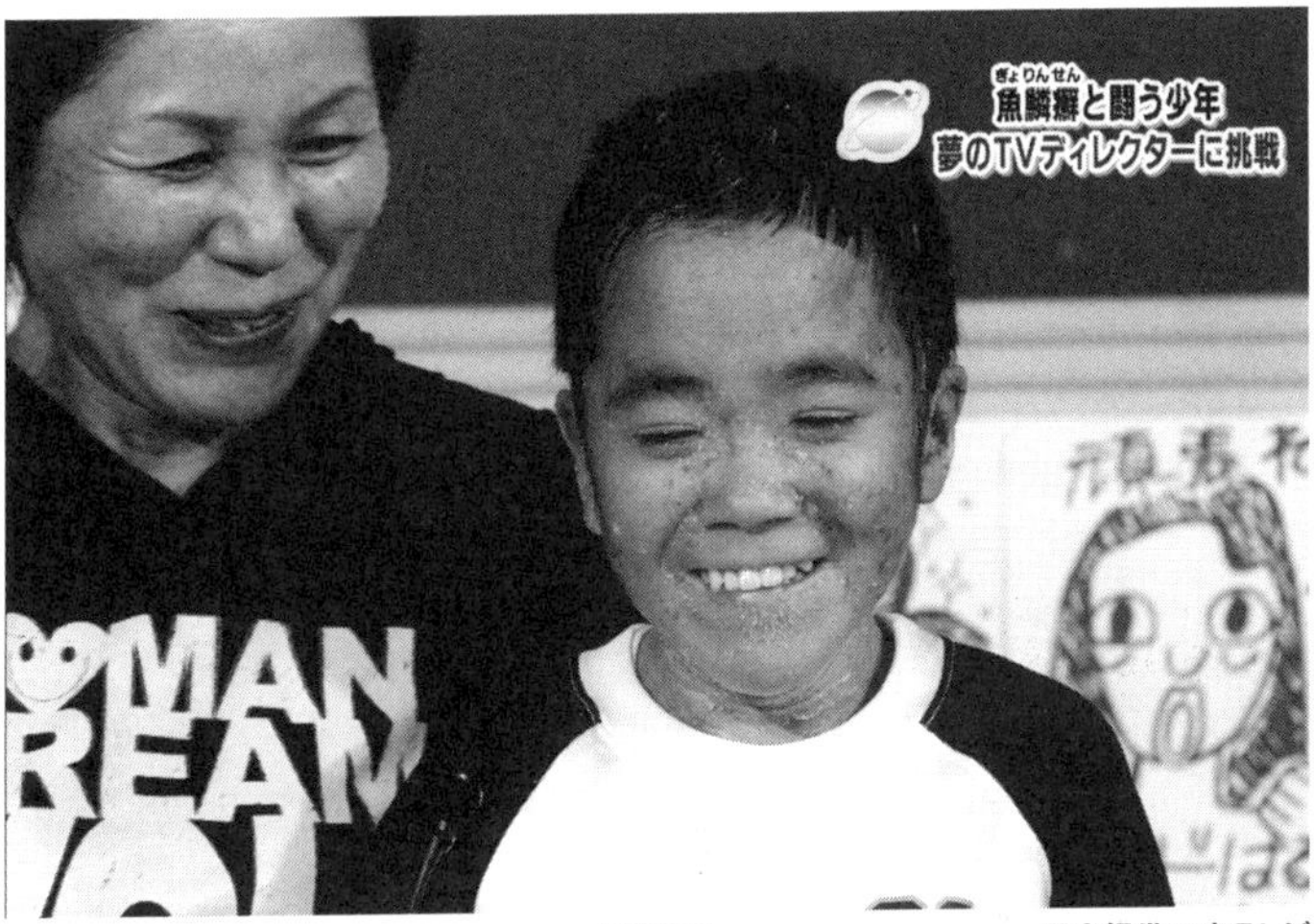

（写真2）　写真提供:日本テレビ

哀想な人」「助けてあげたい人」ではなく、「自身の抱える大きな問題の解決に果敢に取り組む人」なのです。

　問題解決思考のコミュニケーションで大切なことは、悲観と絶望から離れて、前向きにチャレンジする姿勢です。

　もう一つの示唆は、〝欲〟についてです。人間の中には、自己実現を望む利己的欲求と、社会や人に貢献したいという利他的欲求があると言われます。梅本さんを見ていて思うのは、**難題解決には利己的欲求と利他的欲求の両方が必要なのだということです。**梅本さんは、遼君や家族の幸せを望む〝強い愛情〟と、同じ境遇にある患者会の仲間や全国の難病と闘う子供たちへの〝大きな想い〟、その両方に支えられている貪欲さがあるからこそ、人生をかけて問題解決に取り組むことができるのでしょう。
ビジネスでも社会貢献でも、難問解決に立ち向かうときには、中途半端な欲ではダメで、自己の存在をかけて取り組む必要があるのでしょう。

【コミュニケーションの戦略設計におけるポイント】

一方で、魚鱗癬のPRの仕事は、コミュニケーションの戦略においても、重要な示唆を与えてくれました。

●議題設定の大切さについて

コミュニケーションにおける「議題設定」、アジェンダのセッティングの大切さを痛感しました。同時に、当事者の〝困り事〟は、同情を生むことはあっても、共感の対象にはなりづらいということも知りました。「他人事（ヒトゴト）」を「自分事（ジブンゴト）」へ変換してもらうためには、どんなアジェンダでメッセージを投げかけるのかが非常に重要です。

●マスコミ、報道の力について

テレビというメディアのもつ力も痛感させられました。〝マス・メディアの崩壊〟という論調が声高に叫ばれる昨今ですが、私は、やはりテレビの力はすごい！　と感じました。映像の力、そこに重なるコメンテーターの解説と感情。十数分のテレビの特集企画の説得力は絶大です。問題は、この力をどこでどう使うかということです。

●自律、自走する仕組みづくりについて

魚鱗癬PRは一定の成果を収めます。〝成果〟は収めたとして、しかし、梅本さんが抱える問題が解決したわけではありません。梅本さんや患者会の皆さんの人生は続くわけです。一方で、例えば、私にとっては、この活動はボランティア活動でしたから、収益をあげるビジネスとしては成立していません。一人のPRマンとして自己満足を得ることはできたとしても、それだけでは活動は続けられません。ましてやスタッフを雇用できません。同様に、今回の成果を生みだした日本テレビ『NEWS　ZERO』も、いつまでも魚鱗癬活動を応援してくれるわけではありません。〝善意〟〝めぐり合わせ〟だけではなく〝ビジネス〟として安定して継続できる活動をいかにつくっていくのか。これもまた、魚鱗癬の仕事を通じて私が得た大きな教訓です。

魚鱗癬、新たなるステージへ

２００８年に難病指定を受けてからも梅本さん親子、魚鱗癬の患者会とのお付き合いは続いています。無理のない範囲でニュースリリースの発信や報道関係者に向けた情報提供を行ってきました。そんな中で、2010年になって梅本さんから今後の患者会の活動についてご相談がありました。

厚生労働省の難病指定制度の補助には、2段階あって、魚鱗癬はまず「研究助成」の対象になっているが、次の段階と言える「医療費補助」の対象にはなっていないので、なんとか、これを突破したいということでした。

厚生労働省の難病指定を受けている疾患は130あるのですが、このうち「医療費補助」の対象になっているものは56で、残りの疾患は順番待ち状態であるという話でした。

私は梅本さんに確認しました。「他の難病も同じように条件は満たしていますか？ それとも魚鱗癬だけが不合理な状況ですか？」。梅本さんの答えは、状況は他の難病も同じで条件を満たしながらも順番を待っているのだということでした。そこで、私は梅本さんに、魚鱗癬として単独で活動するだけでなく、他の疾患の団体とも手を組んで一緒にアピールすることを提案しました。つまり、今の状況下で〝魚鱗癬だけ〟を早く承認してもらうというアピールは受け入れられないだろうと考えたからです。

そこで、同じ乾癬症の難病である表皮水疱症の患者会と連携した活動を企画します。魚鱗癬も表皮水疱症も同じような症状が発生するので、使いたいクリームやガーゼが同じなのです。ところが、現在は、一方の病気では認められていても、もう一方の病気では使えないという矛盾などがあります。この問題提起を行う意味で、2011年1月19日に報道関係者に向けて「魚鱗癬・表皮水疱症　合同マスコミセミナー」を実施しました。

このセミナーで、表皮水疱症友の会代表の宮本恵子さんともお知り合いになることができました。宮本さんや梅本さんの話をセミナー会場の後方の席で聞きながら、私は一つのことに気付きます。それは「生命を守るための、もう一つのスキンケア」という考え方です。難治性の皮膚疾患の患者さんにとって、スキンケアは、生活のクオリティ（QOL）を維持し、生命を守るために毎日行わなくてはならない行為です。根治（完全に治る）や快方（症状がよくなる）が望めないなかで、症状を悪化させないギリギリの看護ケアです。世の中で広く認知されている「美容としてのスキンケア」ではない、もう一つのスキンケアがここにあることを私自身が思い知りました。

このことを広く知らせていくこと、さらに、その延長線上には、アトピー性皮膚炎をはじめ、様々な皮膚の疾患で悩んでいる多くの人に、有益な情報や商品を生みだすことができるのではないか。そこに、魚鱗癬を含め皮膚の難病に対する問題解決の光明が見出せないかと考えました。まだまだ手探りではありますが、私たちは「生命を守るための、もう一つのスキンケア」というコンセプトのもとに、〈問題と解決策〉の筋道を見出そうとしています。そのための次の一手に着手しています。

さて、この本のテーマは「コミュニケーションの在り方とつくり方」を考えることです。2009年、拙著『脱広告・超PR』（ダイヤモンド社）では、広告枠ありきの従来型のマーケティング・コミュニケーションに異を唱えました。広告否定、PR礼讃ではなく、「広告」や「PR」という手法に囚われないマーケティング・コミュニケーションについて記したつもりです。今回はさらに、マーケティングという枠組みに囚われずに、さらにフラットに、コミュニケーションについて考えてみたいと思います。

本当は広義に「ソーシャル・コミュニケーション・デザイン」と呼びたいのですが、いま「ソーシャル・コミュニケーション」という言葉を使うと、ツイッターやフェイスブックなどのソーシャル・メディアの話だと思われるので（後ほど、この混同は整理しますが）、〝ソーシャル〟とか〝マーケティング〟という言葉に囚われずに広く、「〝ややこしい問題〟を解決するためのコミュニケーション」としました。

「政治の風景」「経済の風景」「社会の風景」「文化芸術の風景」、あらゆる人間の営みにコミュニケーションは介在します。「国」「地域」「家族」「会社」、あらゆる単位でコミュニケーションは機能します。

政治、経済、社会、文化芸術、残念ながら私はいずれの領域の専門家でもありません。ただ、唯一私が担えるパートがあるとすれば、それが「コミュニケーション」だと思っています。「はじめに」で申し上げた通り、本書で提案する「コミュニケーションの在り方とつくり方」が、日本の企業や社会が抱える難問の解決に役立ち、日本人の「脱皮」を促すきっかけになることを願っています。

先にご紹介した魚鱗癬の事例でも明らかなように、表層的なコミュニケーションが物事を解決するわけではありません。梅本さん親子のような主体者が、どう取り組むのかが解決の鍵を握ることは言うまでもありません。ただ、そのとき私たちは、主体者として、あるときは協力者として、どのようにコミュニケーションを活用すればいいのか、その戦略設計と実施について考えたいと思います。


立ちつくすしかないような難問の前で人間は何ができるのでしょうか。

嘆く、悲しむ、憤る。

しかし、その後に、人は意思を表明して、仲間を募り、意見を聞いて、メッセージを発信します。

さらに多くの協力者を得て、理解と共感の輪を広げていきます。

私はここに、コミュニケーションの可能性があると確信します。

第1章

今なぜ、問題が〝ややこしく〟なってきているのか？

大仰ですが「日本人の難問解決力」について
３本のレポートを展開します。
２０１１年、私を含めて多くの日本人が、
自分たちの社会や国の在り方について考えさせられたと思います。
〝ややこしい問題〟に翻弄される
この国の課題を皆さんと共有しつつ、
３つの問題を提起します。

レポート1.「企業の風景」／見失われた“課題解決”の筋道を見出すために

私は企業のマーケティング課題を様々なコミュニケーション施策で解決するお手伝いをしてきました。「広告」や「PR」や「店頭の販促プロモーション」を使って、企業の商品やサービスを際立たせるのが仕事です。ただ本書冒頭でもお話しした通り、ここ数年は複数のソーシャル・イシューに関わってきました。それがきっかけで、ある時、ふと気付いたのです。「これまで自分は、企業間の“競争”を支援するためにコミュニケーションを使ってきたのだなあ」と。

「なんということか、企業間の競争に忙殺されてしまった！」と人生を悔やんだわけではありません。後悔ではなくて、魚鱗癬や福島県の農作物の案件に向き合うと、普段と違ってコミュニケーションの目的が「競争ではない」ということを新鮮に感じるわけです。競争に勝つことではなく、目の前に横たわる問題を解決するためにコミュニケーションを使っているのだと、強く自覚するわけです。

そこで気付くのは、マーケティングにおける「問題解決」とは一体何かということです。普段のマーケティング案件では疑うことのなかった「競合企業に勝つことがクライアントの問題解決につながる」という〈課題解決〉の筋道について、改めて目を向けるようになりました。企業のマーケティングを題材にしながら、〝ややこしい問題〟の本質をいかにして見極めるか、を考えます。

企業が競争優位性（他社より抜きん出たポジション）を獲得、確保しようとするのは当たり前の話です。かの経営学の大家、マイケル・E・ポーターは「戦略とは、他社と異なる一連の活動を伴った、独特の価値の大きいポジションを創造することである」と繰り返し説いています。ポーターの論文はもはや古典の域ですが、その本質はいまも何も変わっていないはずです。

ポーターの言う〝独特の価値の大きいポジション〟を目指すならば、同業他社との比較の差異ではなく、独立独歩の圧倒的な強みをつくる必要があるはずです。

ところが、企業のマーケティングでは、スペック、サービス、価格などで、競合との比較競争に陥ることがあります（「あります」どころか、それればかりだという声が聞こえてきそうです）。そうなると、コミュニケーションが拠って立つ戦略が「同業他社に競り勝つこと」になるわけです。言うなれば〝**競り勝ちのコミュニケーション**〟です。

このことが日本企業のマーケティングにどのような影を落としているのか。その歴史的経緯を辿ってみましょう。

第二次大戦後、世界経済の中で激しく繰り広げられた〝競争〟を通じ、日本企業は大きく成長してきました。その競争優位性を支えたのは、「精緻なモノづくり（技術力）」、「コストを抑制した価格競争力」、勤勉さと創意工夫による「総合的な生産効率の高さ」です。

戦後の復興期から高度経済成長期においては、世界市場でも、国内市場においても、「他社（よそ）よりも安く良い品をつくる」という非常にわかりやすい戦いの土俵がありました。解決すべき課題は「他社（よそ）よりも安くて良い品」だったのです。この〈課題解決〉の筋道に即して、日本人は、地道な努力と創意工夫に集中することができました。日本人の特性が活かされたわけです。

〝ジャパン・アズ・ナンバーワン〟と世界で日本企業の強さが際立っていた1970～80年代は、この「モノづくり」で日本の解決力は際立っていました。特に、生産の現場での品質管理とトヨタのカンバン方式（ジャスト・イン・タイム）に代表される効率性を武器に、生産拠点を海外に移しながら、あわせて販路も拡大するというやり方でグローバル展開にも成功します。ところが、日本がバブル経済の崩壊で躓《つまず》いている間に、それまで低迷していた米国が日本式をヒントにして競争力を取り戻します。とくにインターネット関連、ITの最先端産業での創造力は米国の真骨頂とも言える分野です。一方、アジア勢の追い上げも厳しく、韓国をはじめ、中国、東南アジアの国々が日本を猛追し、追い越しつつあります。もはや「安くて良い品」が日本の専売特許ではなくなったことは明らかです。にもかかわらず、日本企業の多くが、いまも従来の戦いのルールに囚われているのではないでしょうか。

〈課題解決〉の筋道を見失った日本企業

日本企業の現在のマーケティング課題を考えてみましょう。まずグローバルでは、生産現場の「モノづくり」の強みに依存して販売網を拡張してきたために、本社機能、商品開発を含むマーケティング機能が脆弱な点があげられます。英語（言葉）を含めたコミュニケーション能力の問題もありますが、海外事業において自社の事業課題を見極めて、その解決策を大胆に発想する構想力や企画力をもった人材が不足していると言われています。

一方、国内で言うと、過去の成功体験である「モノづくり」や「技術力」への強い思い込みが呪縛になって、本来の大きなイノベーション（技術革新）ではなく、**小さな差別化競争＝〝スペック競争〟に陥って、ガラパゴス化しています。**

これは、世界第2位の経済大国にまで上り詰めた日本の国内市場がそれなりにおいしい市場であったために、気心の知れた「業界内競争」に安住した結果とも言えます。

異種格闘技的なサバイバルな戦いではなく、順位とポジションを決める〈業界内のスペック競争〉に陥っているとすれば、日本企業の「競争力」は高まるどころか、結果的にどんどん削がれてしまっていることになるでしょう。

私はこういう状況を招いた大きな要因として、環境変化による〝課題の変質〟を敏感にとらえられなかったことがあると思っています。自分たちは〈課題解決〉の筋道が見えているつもりでいたけれど、実は、とうの昔に問題の本質を見失っていたということです。もう一度、問題の本質を見極めるためには、過去の成功体験や前例に囚われず、ゼロから課題を洞察する必要があります。

2C+S型の問題発見

〈問題と解決策の関係〉が明らかでない、あるいは、見失ってしまったので、問題がややこしくなっていると申し上げました。与件（あらかじめ提起されていること）を外して問題ともう一度向き合うしかないとも指摘しました。

では、どうしたら、それが実現できるのか。〈課題解決〉の筋道を見極めるための、まず一つ目の問題提起です。

マーケティングの教科書の最初に出てくるのが、「3C」というやつです。Company（自社）、Customer（顧客）、Competitor（競合）というトライアングルの中で、マーケティング課題を考えると教わりました。教科書ですから、間違いはないと思いますが、現実に即しているかどうかは別の問題です。この三角関係の構図を〝前提〟とすれば、顧客を奪い合うための自社と競合との間にある「比較競争」が解決すべき課題となります。

ところが、この3Cのモデルがなかなか成立しづらくなってきています。まず、競合との差別化が難しくなってきています。価格、品質、ブランド力等が拮抗しており、小さな差異をコミュニケーションで大きく見せるしかない状況です。さらに、顧客と競合との関係、戦いの構図が〝変化〟しているということもあります。例えば、自動車業界で言えば、環境問題にしろ、若者のクルマ離れにしろ、競争以前の業界全体が抱える課題が顕著です。外食産業で言えば、単純な同業者間の競争だけではなく、ファミレスとファーストフード、さらに中食を支援する惣菜チェーンやコンビニまで、直接、間接の競合がひしめく状況にあります。

そこで、私が提案するのは、3Cではなく、**2C（＝Company／自社、Customer／顧客）+S（＝Society／社会）という視点**です（図1）。

まず、自社と顧客の間にある問題の本質を見出します。自社のミッションに基づき、顧客のどんな課題を解決するのかという、根本へ立ち返ります。まずは、この「課題解決」によって、

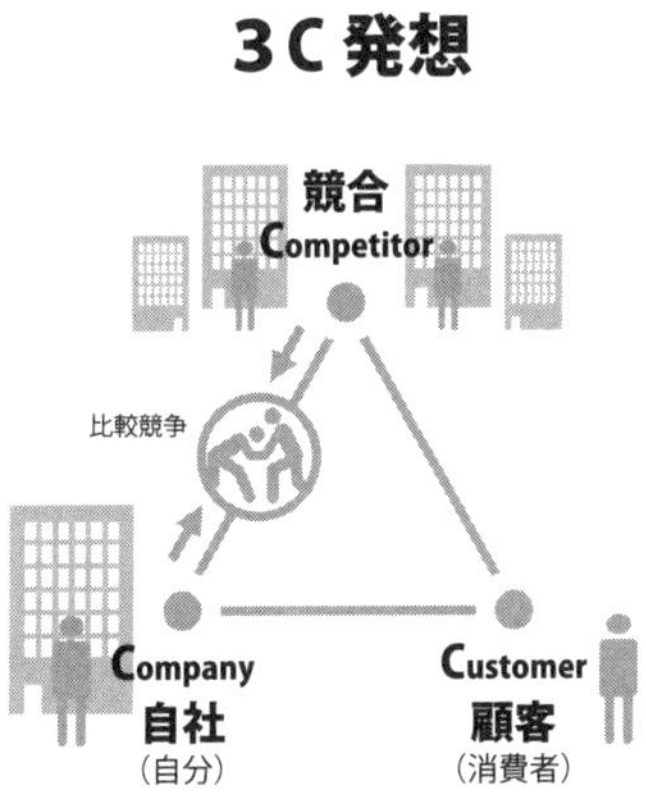

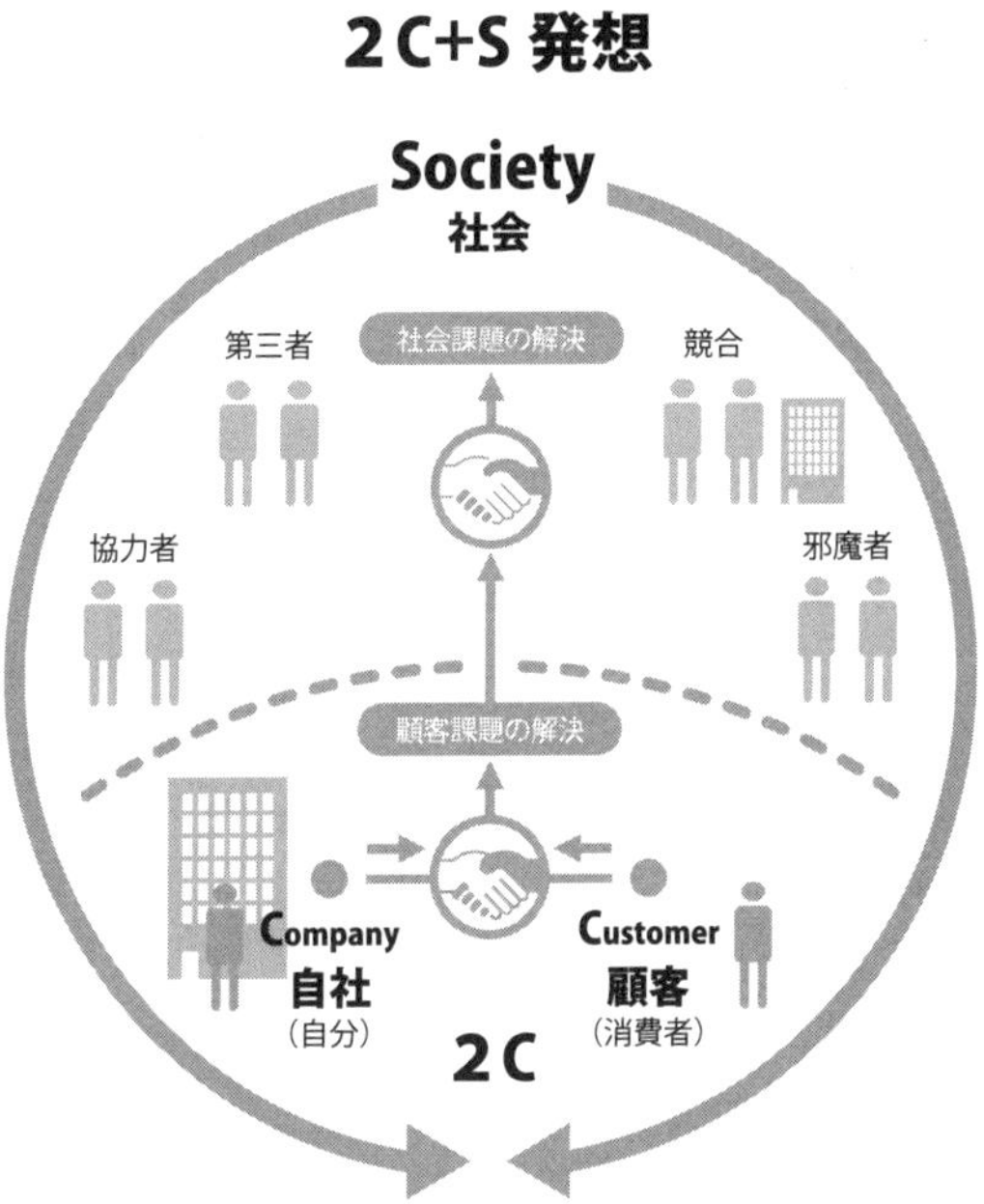

（図1　3C発想から2C+S発想への転換）

顧客としっかりと〝握手〟をします（＝顧客課題の解決）。

次に、いま確認した「顧客課題の解決」と社会との関係を考えます。自社と顧客の関係を取り巻く社会には、協力者、賛同者もいれば、競争相手、邪魔者などもいます。ここに2つ目の課題解決の視点があります。いわば、社会との〝握手〟です（＝社会課題の解決）。

この2つの課題解決（2つの握手）の関連性や、解決のための手順の優先順位を考えながら、自社の抱える問題を見極めていきます。そもそも自社が取り組むべき問題はどこにあるのか、社会の中で自社の事業をどう捉えるのかという根本から戦略を再検討、再確認するということです。

競合社との比較競争、相対的価値の追求ではなく、〈顧客課題の解決〉さらに〈社会課題の解決〉への貢献を目指した本質的価値の追求へのシフト・チェンジを目指すということです。顧客と握手し、さらに社会ともしっかりと握手ができる筋道を見出すということです。

これが私からの一つ目の問題提起です。

企業のマーケティングを例にとりながら、課題の洞察について話をしてきましたが、〝3C発想から2C＋S発想への転換〟は企業に限った問題ではありません。

例えば、日本では、偏差値による大学ランキングに基づく受験教育、人気企業ランキングによる就職活動など、いまもって〝相対的価値〟に囚われている現状があります。〝ランキング〟という与件を疑わず、ライバルとの比較競争に追われる若者たちは、これからのグローバルな競争時代を生き抜くことができるでしょうか。本当の競争力とは、他人との比較から発想するものではないし、相対的競争から生まれるものでもないということに、彼らが気付くのは随分先の話になりそうです。私個人の意見としては、自己実現（利己）と社会貢献（利他）の２つの意志をもとに、自分の本質的価値を追求する一歩を出来るだけ早く踏み出して欲しいと思っています。

「競争タカシ」と「難題トクオ」

企業にも個人にも通じる「比較競争力」と「問題解決力」の違いをご理解いただくために、二人の〝人物像〟を描いてみたいと思います。

まずはじめに、皆さんの周りに「あの人は競争力が高いなあ」と思う人物はいますか？　大学時代の友人でも、会社の同僚や上司、部下、どなたでも結構です。〝競争力が高い〟というのは、例えば、受験戦争を勝ち抜き、就職においても希望通りの企業に入るような人ですね。会社に入ってからも、同期入社の中でも一番に昇格するとか、目立った活躍をする人物です。

そういう人のことを「**競争高（キョウソウタカシ）**」とします。「カイコウタケシ」とか「ヨウロウタケシ」みたいで、なかなかいい響きです。運頼みではなく、努力と才能で競争に勝ち続けてきた人物を想像してください。

さて、次に「あの人は問題解決力が高いなあ」と思う人物を思い浮かべてください。こちらはどうでしょうか。例えば、社内のもめ事、友達の借金問題や恋愛問題、とにかくトラブル・シューティングで活躍する。仕事では、取引先の抱える難問を解決して感謝される。マンションや地域の会合で迷走しがちな会議を見事に取りまとめる。そういう人物です。こちらは「**難題解男（ナンダイトクオ）**」です。変わった名前……ですが、柔軟な思考力で、他の人なら音をあげるような難問も解決に導く頼もしい人物です。

「競争タカシ」と「難題トクオ」、皆さんの周囲にこういう人物がいるでしょうか。また、あなたご自身はどちらかにあてはまりますか。

この二人ともなかなかのツワモノなのですが、その違いはどこにあるでしょうか。それぞれが活躍する場面についても想像してみてください。

「競争タカシ」は、戦い競り合う相手がいるときに力を発揮します。戦う相手と土俵が明らかであればあるほど集中力を発揮します。一方で、「難題トクオ」が対決するのは、競争相手ではなく問題そのものです。まずは問題の原因はどこにあるのかをじっくり考えます。そして、

	競争タカシ	難題トクオ
ゴール	競争相手 （競合）に勝つ	問題を解決する
ルール	自分（自社）の強みを活かす 相手の弱点をつく	問題の原因を探り、 解決のための手段を講じる
ロール	自分と競争相手と審判	主体者と協力者 その他、利害関係者

（図2　「競争タカシと難題トクオ」）

その解決策に必要なモノや人を揃えます。勝ち負けという〝ゴール〟、戦いの〝ルール〟、自分と相手と審判の〝ロール（役割）〟が明らかな場合には「競争タカシ」が活躍するでしょう。ところが、そもそも問題の原因がわからなく、課題そのものを探るところから着手して、目指すべきゴールを設定し、そのゴールに向かって、協力者をつくり、関係者との利害調整を行っていくような場合には、「難題トクオ」の出番になります（図2）。「比較競争」と「問題解決」というこの2つのアプローチの違いを決定付けるのは、**コミュニケーションの「ゴール」「ルール」「ロール」が初めから明らかになっているか、いないかの違いです。**

　競争というのは、その名の通り、戦い（競

争）の場がセットされてはじめて成立します。一方、問題解決力は、対する問題を見極めるところからはじまります。〝ややこしい問題〟の解決には、難題トクオ的発想が求められます。企業にしろ、個人にしろ、いまはランキングの中で「順番」を競う時代ではありません。戦いの土俵を自分自身で切り拓くことが求められます。言い換えれば、絶対的1位にのみ価値があって、2位、3位、ましてや4位には、価値が見出せない厳しい時代です。このことに気付かないまま、あるいは、気付かないふりをして、今までの競争を続けていると〝ややこしさ〟は増すばかりです。

携帯電話と牛丼の話

さて、第1のレポートを締めくくるにあたって、「**2C＋S発想**」をご理解いただくために、2つの業界、実在する企業の姿からポイントを抽出してみようと思います。携帯電話と牛丼のお話です。

今から10年前に、ニューヨークに出張に出かけたときのことです。仕事先で、出会う米国人の誰もが、私の持っていた携帯電話に驚嘆の声を上げました。「小さい！」「薄い！」「なんか機能もいっぱいだ!」「クールだぜ!」すでに当時から日本では、携帯電話は小型かつ薄型になっていました。一方で米国の携帯は、まだトランシーバーのようにゴツゴツしていて大きかったのです。羨望の眼差しを向けられるメイド・イン・ジャパンの携帯電話を誇らしく思ったことを記憶しています。あれから10年、携帯電話業界では、スマートフォンが大きく伸長する中で、日本企業は完全に立ち遅れ、もはや世界市場においてポジションが見出せない状況にあります。〝ガラパゴス携帯〟という言葉を生むことにもなりました。

日本企業は日本市場特有の通信基準を死守することで、外資の参入を防ぎつつ、国内での競合間のシェア争いに終始しました。〝ガラパゴス〟のように、日本という特殊な生態系(環境)でだけ通用する高度なスペック競争に陥る間に、世界市場からは脱落していくことになります。いまや、日本企業が競い合った多機能携帯は、スマートフォンに押され、シェアは逆転しました。世界基準にかなったスマートフォン市場は、アップルと韓国、台湾のアジア系2社が上位を占めます。立ち遅れた日本メーカーは、これから巻き返しを図ろうとしています。まさに、業界内のスペック競争が招いた結果です。

もう一つ、業界内競争の事例を見てみましょう。『第3次牛丼戦争が勃発!』『牛丼戦争、夏の陣』はネット上では見慣れたスレッドタイトル(書き込みやブログの見出し)です。言わずと知れた、牛丼大手3社「吉野家」「松屋」「すき家」の低価格化競争の話題です。ここにも業界内競争の典型があるように見えます。

牛丼が大好きな私は「どこの牛丼が一番うまいか？」に大いに興味がありますが、それは別の機会に激論を交わすとして、ここでは、同じカテゴリーで戦う競合でありながらも、根本的な事業構造の違い、さらにその先には、企業が見据える戦いの土俵（ゴール、ルール、ロール）の違いがあることに着目します。

株式会社吉野家は、ご存知のとおり「うまい、やすい、はやい」を合言葉に、牛丼の品質とサービスを徹底してきた100年以上の歴史をもつ〝ブランド〟です。松屋フーズは、1966年にラーメン屋からはじまり、「安くて美味しくてお腹いっぱいになる食事」を目指し「牛めし事業」を展開しています。一方、すき家は、外食産業で3708億円を売り上げ（2011年3月期決算）、国内外で4177店（2011年9月末時点）の外食店を展開するゼンショーグループの中核となる看板ブランドです。ちなみに、「なか卯」「ココス」「ビッグボーイ」「華屋与兵衛」など、読者の皆さんにも馴染みのある多くの外食チェーンがゼンショーグループに属しています。

私が注目するのは、各社が何を本質的価値とし、どこにゴールを設定しているのかという点です。

吉野家、松屋が牛丼の品質と接客サービスをいかに高めるか、を核にしているのに対し、ゼンショーグループは「外食で世界一の企業になる」「世界から飢餓と貧困を撲滅するためのフード業世界一」を宣言しています。牛丼というカテゴリーで事業拡大を目指す2社と、外食産業の全体、フード世界市場をにらみつつ、国内市場をいかに勝ちぬけるかを考えているゼンショーとは、たまたま同じカテゴリーでいま競合関係にありますが、本質的に目指すゴールが違うのだろうということです。実際、ゼンショーは２０１１年3月期決算（３７０８億円）で、日本マクドナルドホールディングス（２０１０年12月期の３２３８億円）を抜き、外食産業のトップに立ったことからも、既に1社だけが別のステージにいることがわかります。

牛丼チェーンとしての優劣は消費者が決めることです。多角化なのか、単一事業に絞りこむのかも戦略次第です。ここで申し上げたいのは、３Ｃの視点でいえば同じ業界の競合であっても、２Ｃ＋Ｓ発想に基づけば、それぞれの企業が見据える〈問題と解決策〉の道筋には大きな違いがあるということです。

〝世界一を目指す〟から素晴らしい、目標が大きいから成長性が高いのだというつもりはありません。顧客と握手し、社会と握手する、その構造がいかに明瞭であるかという点に着目したいと思います。

私は、企業が成長するためには、そのライフステージに合わせて２Ｃ＋Ｓ発想で独立独歩の個性的な戦いを展開する必要があるのではないか、と見ています。独自性の高い理念の下に、相対的な比較競争ではなく、大きな展望に向かって問題解決に取り組むということです。

もちろん崇高な目標を達成するためには、目の前の戦いを勝ち抜く必要があるのは当然です。それでも「小さな差別化」に囚われることなく、顧客と社会との関係の中で、解決すべき問題を見失わないことです。

そのような課題解決を実行して、誰も真似ることのできないユニークネスを発揮している企業があります。その代表例を、企業理念やメッセージ、スローガンから抽出してみました。（※企業の選出は筆者。サイトのご紹介について承諾をいただいております）

企業に限らず「問題解決思考のコミュニケーション」では、課題の本質を見極めることがその第一歩になります。

ワタミ株式会社　ご挨拶

ワタミグループは、事業を通じて、
事業を超えて “ありがとう” を集めます。

ご挨拶

ワタミは、「地球上で一番たくさんの “ありがとう” を集めるグループになろう」というグループスローガンのもと、社会に対して、よりよい存在であり続けるため、あらゆる活動を行っています。創業時からただひたすらに思いをカタチにすべく相手の幸せを願い、小さなことから肩肘はらずにコツコツと “ありがとう” を集めてきました。結果として、理念オリエンテッドな企業文化＝ワタミらしさが生まれました。事業領域は、第一次産業の「農業」から、第二次産業の「食材加工」を経て、第三次産業の「外食」、「介護」、「高齢者向け宅配」、「環境対応メンテナンスサービス」まで拡がり、事業活動を通じて多くの場面で “ありがとう” を集めることができるグループになりました。

私たちの活動を通じて、地球人類の人間性向上のためのよりよい環境をつくり、よりよいきっかけを提供する。

そんな事業を超えた大きな “ありがとう” 集めに向かって、歩み始めました。

私たちは、社会が抱える問題解決を事業として取り組んでいます。そのために、全社員の一人ひとりが、何のために、どのように “ありがとう” を集めるのかを考え、行動をしていく集団になる必要があります。

企業とは「人」そのものであり、一人ひとりの行動の反映です。社員一人ひとりが主人公として集めた「ありがとうの総和」こそが企業の価値を決めると信じます。

これからも、多くの方々の幸せに関わりながら、たくさんの持続可能な “ありがとう” があふれる社会を目指し、更なる “ありがとう” を集めてまいります。

皆様の変わらぬご支援をよろしくお願い申し上げます。

ワタミ株式会社 HP より

楽天株式会社　メッセージ

世界一のインターネット・サービス企業を目指して

1997 年、インターネットショッピングモールの多くが、ただカタログを Web にしただけのようなつくりとなっていました。
我々は楽天市場を開設するにあたり、「システムに強い人間が商売をする」のではなく、「商売が上手な人が簡単に店を開ける仕組みを創る」ということをまず考え、インターネット上にマーケットプレイスを設立することを目指しました。そして出店者の皆様にはシステム、トラフィック、ノウハウの 3 つを提供し、ユーザーの皆様にはネット上での買い物の楽しさを提供してきました。

その後、楽天市場をはじめとするEC、トラベル、ポータル、金融など、様々なサービスをグループに加え、あらゆるサービスをネット上からワンストップでユーザーに提供する体制を強化しました。その結果、グループ各社の様々なサービスを有機的に結びつけ、会員データベースを軸としたマーケティングの展開により、ユーザーの楽天グループ内での回遊性高め、他に類を見ない eco-system、「楽天経済圏」を実現しています。

今後も楽天グループの持続的な成長を促進するために「楽天経済圏」の強化を図り、新たな価値観と付加価値の創造に努めるとともに、楽天市場事業等の本格的な海外展開を進めます。

私たちの究極の目標は「世界一のインターネット・サービス企業」です。

楽天株式会社 HP より

カゴメ株式会社　企業理念

企業理念＝時代を経ても変わらずに継承される「経営のこころ」

2000年、カゴメは新たな企業理念を制定しました。

創業者である蟹江一太郎が、経営者として最後に到達した境地である「感謝」。カゴメの商品づくりの、カゴメの提供価値の源泉である「自然」。人に対して、社会に対して「開かれた企業」をめざすという、カゴメの決意としての「開かれた企業」。この三つの言葉が、カゴメの新しい「経営のこころ」となりました。

「自然を、おいしく、楽しく。KAGOME」も、もちろん、この企業理念を反映したものです。

感謝

私たちは、自然の恵みと多くの人々との出会いに感謝し、自然生態系と人間性を尊重します。

自然

私たちは、自然の恵みを活かして、時代に先がけた深みのある価値を創造し、お客さまの健康に貢献します。

開かれた企業

私たちは、おたがいの個性・能力を認め合い、公正・透明な企業活動につとめ開かれた企業を目指します。

カゴメ株式会社HPより

株式会社ミツカングループ本社　グループビジョン・スローガン

やがて、いのちに変わるもの。

人が泣いています。人が笑っています。
人と人が出会い、人と人が恋をし、結ばれ、
子供が生まれ、育ち、ふたたび新しいドラマが始まってゆく。
人は歌い、人は走り、人は飛び、人は踊り、
絵を描き、音楽を生み、壮大な映像をつむぎ出す。
食べものとは、そんなすばらしい人間の、一日一日をつくっているのです。
こんこんと湧き出す、いのちのもとをつくっているのですね。
私たちがいつも胸に刻み、大切にしているのは、その想いなのです。
どこよりも安全なものを。どこよりも安心で、健康で、おいしいものを。
やがて、いのちに変わるもの。
それをつくるよろこびを知る者だけが、
「限りない品質向上」をめざせる者であると、
私たちは心から信じています。

このグループビジョン・スローガンは、ミツカングループがお客様に提供していく価値の“宣言”です。

株式会社ミツカングループ本社 HP より

レポート2.「社会の風景」／〝空気支配〟から脱却するコンセンサスのつくり方

2本目のレポートは社会とコミュニケーションをテーマにしたものです。

私の同業者で友人の、ブルーカレント・ジャパン代表である本田哲也氏は、2009年に『戦略PR』（アスキー新書）という著書の中で「空気づくり」という考え方を披露しました。広告や店頭プロモーションを活かすためには、記事や番組やネット上で話題をつくって、「売れる（売れやすい）気運」をつくっておくことが重要で、これを「空気をつくる戦略PR」だと打ち出しました。〝空気をつくる〟とは言い得て妙だということで、広告PR業界で話題になりました。マーケティング領域における本田氏の「空気づくり」は前向きで軽妙な捉え方だと思いますが、私はここで、日本人の醸しだす「空気」のネガティブな側面に焦点をあてます。それは「空気の支配」が、公共に関わる難問解決においては、コミュニケーション上のネックになって問題をややこしくしているからです。

「空気支配」の弊害

そもそも、空気とは何でしょうか。〝ＫＹ（＝空気が読めないこと）〟という流行語もありました。もはや懐かしいですが、当時の総理大臣の辞任劇を揶揄《やゆ》して、「ＫＹ＝全く空気読めてないよな」と話題になりました。それ以前から、「あの会議の中で、部長に何か意見を言える空気じゃなかったよ」とか、「いまそんな呑気な話を番組で放送できる空気ではない」という風に使われてきました。ここでいう「空気」とは、〝雰囲気〟のことであり、誰も言葉にしないが、その場を支配している**「暗黙の合意」**のことだと思います。

この暗黙の合意は、どうやってつくられるのでしょうか。一つは非公式な場での合意形成を探る、いわゆる「根回し」というやつです。オープンな会議で協議する以前に、ある結論を決めておきましょうという類の話です。根回しなしでガチンコ勝負の話し合いがいい結果を招くとは限りませんから、根回しを準備と考えれば、決して悪いことではありません。ビジネスでは「根回ししとけよ」と教えられるぐらいです。ここで問題視するのは、それとはまた別の空気、**争点をはっきりさせて討議することなく、じわじわと論調や雰囲気が形成されていく「無形の圧力」**です。**客観的なデータや根拠を明らかにしないままに、気分と感情に基づいて醸成**

される「空気」です。

その代表例は、戦時中に「時の軍部の決定」「それを伝える新聞報道」「市民レベルの井戸端会議」までが金縛り状態に陥って、誰も「戦争を否定できない」「敗色濃厚な戦局を認められない」「指導者の誤りを指摘できない」空気に支配されたことです。

この日本人の空気を検証した代表的著作として『「空気」の研究』（山本七平・著／文春文庫）があります。この本の中で山本氏は、戦争や公害問題を事例に引きながら、「空気」とは、対象を〝臨在感的《りんざいかん》〟に把握すること、また対象を対立構造で捉えず、自分の把握を絶対視することだと指摘しています。

山本氏の独特の言い回しは、かなり難しいので、私なりに噛み砕きます。まず、臨在感的把握とは、「イワシの頭も信心から」の精神で、ありもしないものを何らかの思い込みで存在すると捉えることです。

対立構造把握は、善悪にしろ、白黒にしろ、物事を二極構造の中で捉えるということです。つまり、そもそもの前提として対立する二極を認めているので、自分が判断した「善」「悪」、「白」「黒」を絶対だとは思わないはずだということです。ところが、日本人は、自分の信心（思い込み）からの把握を絶対視するので、そこに空気発生の原因があるのではないかという分析です。言い換えれば、科学的、論理的根拠が明らかでなくとも、状況や雰囲気から、コンセンサスをつくり、それを強く信じ込むことができるというのが日本人の特徴だというわけです。

この山本氏の分析に加えて、私は、日本の〝空気発生装置〟には、私たちの中にある「沈黙」を美徳とする気質にも関わりがあるだろうと思っています。日本人には、「みなまで言うな」「あうんの呼吸」などというように、「沈黙」を尊び、逆に全てを言葉にして相手につきつけて確認するような態度を慎み深くない（はしたない）と考える文化があります。この「慎み深い」という感覚は、恐らく日本人特有の、そして重要なメンタリティではないかと思うのです。例えば3・11の東日本大震災後に世界が驚嘆した、秩序を守り協調する日本人の姿につながる精神なのだと思います。

ただ、その反動として私たち日本人は、沈黙の中に様々な感情を溜め込んでいるかもしれません。震災後に「自粛」「不謹慎」の空気ができあがって、それを破ると「袋叩き」にあうという現象がネット上で繰り返されました。

震災後の自粛とは直接関係ありませんが、2011年5月頃、あるスポーツブランドの女性社員が職務で知り得た著名なスポーツ選手のプライベートをネット上に漏らし選手を中傷した途端、ネット上で徹底的に攻撃されました。この背景にも、「慎み深くない人間を許さない！」という断固とした精神構造があるように感じました。

暗黙のうちに、信心的把握でコンセンサスをつくりあげる。表では誰も何も語らず、ネットの匿名世界では、コンセンサスを破る人間を吊るしあげる。ネットの匿名世界には〝沈黙を破る悦び〟〝裏だけで許される放言の快感〟があります。もともとあった「空気支配」にネットのネガティブな側面が付加されたカタチです。これは最悪です。

いずれにしても、この「空気」の支配をどう克服するのかは、私たちにとって大きな課題です。客観的論拠を提示して、対極構造の中で、オープンに議論をして結論を導く。そういう「明示的合意」、オープンでフラットなコンセンサスのつくり方を体験して、知見を蓄積していく必要があるのではないか。これが私からの二つ目の問題提起です。

ここで、2011年の夏、私が日本人特有の空気の支配（暗黙のコンセンサス）の弊害を痛感した出来事をご紹介したいと思います。

2011夏、3回繰り返されたどたばた劇

「二度あることは三度ある」という諺《ことわざ》は、2回起こるということは、根本的にその事象を引き起こす原因があって、だからきっと3回でも4回でも繰り返すだろうという意味です。2011年の夏、まさに全く同じような騒動が繰り返し3回起こりました。

2011年の夏は、震災復興と震災の犠牲者への鎮魂のために計画された様々なイベントが

行われました。そんな中で、京都の「五山の送り火」の騒動が起こりました。読者の皆さんも報道を通じてご存知かと思います。8月16日に行われる京都の「五山の送り火」に関して、岩手県陸前高田市の松を使う計画が持ち上がります。鎮魂のために、薪には被災者の方々がメッセージを書き込み、それを京都に送る段階になって、その計画が中止になります。陸前高田市の木が放射性物質に汚染されているのではないか、それを燃やすと京都に放射性物質をまき散らすことになるのではないかという不安の声が寄せられたからです。結局、用意された陸前高田市の松は地元で迎え火として燃やされました。この中止が波紋を呼び、大文字保存会と京都市に批判が殺到。事態の収拾をはかるべく、再度、陸前高田市の松を使うことで落ち着いたかに見えましたが、今度は京都市が「念のために調べたらその木材から放射性セシウムが検出された」として再び使用断念を発表しました。陸前高田市の市長と市民は「もう勝手にしてくれ」と呆れるばかりだったというお話です。この件を伝える各新聞、テレビの報道は「陸前高田市民の憤り」と「京都市民もまた被害者」という論調に終始していました。

そして9月8日、福岡市内のショッピングモールで「福島応援ショップ」の開店が見送られたというニュースが流れました。報道によれば、15通のメールと電話での抗議が原因だと言います。その中には、東日本から避難してきた母親の痛切な抗議もあったようですが、一方で「福島のトラックが放射能をまき散らす」「放射能を持ち込むな」という厳しい口調のメールもあったと言います。15件の反対意見が問題なのではなく、ショッピングモールや企画者が応援ショップの出店を見送らざるを得なかったことが問題ではないかと思いましたが、新聞各紙、テレビの報道は、起こった事象、事実のみを伝えるに止まっていました。

それから10日後の9月18日、今度は愛知県日進《にっしん》市で行われる花火大会で、福島県の花火会社が製作した花火の打ち上げが中止になりました。主催者の実行委員会によると数ヵ月前に、東日本大震災の復興を支援するため、福島県で製造された花火の使用を計画。愛知県内の業者を通じ、福島県川俣《かわまた》町の「菅野煙火店」から、花火「スターマイン」80発を取り寄せました。ところが、大会前々日の16日から、実行委に苦情や問い合わせの電話、メールが入り始めます。「放射能をまき散らすのか」「不安だからやめろ」という抗議が約20件。実行委は、菅野煙火店の敷地内の放射線量が国の基準値以下であることを確認しており、一度は計画通り打ち上げる方針を固めましたが、前日の17日に再度、協議し「花火の放射性物質の数値をデータで出せない。市民が不安を感じる状況では難しい」と、中止と差し替えの判断を決めたというものです。花火大会では、岩手、宮城のものは計画通り使用されました。打ち上げ中止について、日進市長は「福島の皆さんには深くおわび申し上げたい」と謝罪。実行委は、今回の花火を放射性物質検査に出し、検査をクリアすれば来年の大会で使うことを検討しているそうです。ちなみに、中止・差し替え後に、日進市には全国各地から電話と電子メールで約３３５０件の意見が寄せられましたが、ほとんどが抗議する内容でした。

サッカーのイエローカードは２枚で退場ですから、これがサッカーの試合なら１枚お釣りがくる勘定です。３つのどたばた劇は、３部作のごとく、構造が一致しています。〝ややこしい問題〟をさらに〝ややこしく〟する悪循環に「空気支配」の弊害が見てとれます。

そもそも放射性物質汚染への不安は、原発事故現場からの距離という物理的な要因を別にして（例えば、東京の品川に同じく暮らしている住民の間でも）、人によって受け止め方にバラつきがあります。これは私の仮説ですが、事態の受け止め方を悲観的な層、中間層、楽観的な層まで、３段階あるいは５段階ぐらいに分類できるのではないでしょうか。問題はそれぞれの層が「放射性物質汚染」という問題を客観的な根拠をもって捉えているのではなく、放射能に対する漠然とした恐怖感（前述の臨在感）に基づいて把握しているということです。その人がそれまでに、どんな情報に触れて、放射能にどの程度の恐怖感を抱いているのか、個々人の経験次第ということになります。

３つのケースに共通するのは、原子力に敏感で悲観的な層から反対や抗議の声が寄せられていることです。主催者は「まさか、そんな反応が出るなんて」と慌てるわけです。自分たちとの感覚（受け止め方）の違いにびっくりするわけです。「大丈夫だろう」と楽観的な人と「放射能をまき散らすつもりか」と憤る人、お互いに何らかの根拠に基づいて話をしているのではなく、暗黙のうちに出来上がった自分の感覚を信じているわけです。「お前は放射能汚染の責任をとれるのか！」と問われて、軒並み「断念」に至ります。すると今度は、復興支援の観点から批判と抗議が殺到する。

このどたばた劇の背景にある問題は、いま、日本国民の中に「放射能」に対峙するための明示的なコンセンサスがないということです。つまり、悲観層から楽観層まで、個人の感覚任せで放置状態が続いています。政府は「ただちに健康に害はない」「安全ですから、安心してください」とだけ繰り返していますが、残念ながら何のコンセンサスもつくれていないわけです。それが、このような混乱を繰り返し引き起こしている原因です。これは、京都市長や日進市長が東北にお詫びに出かけて済む問題ではないわけです。ところが、そのことを指摘する報道も見当たりません。私が一つか二つ記事や番組を見逃している可能性はありますが、総体的な報道傾向として、そういう内容にはなっていません。「困った問題」「どたばた劇」としてレポートして、ハイおしまい、です。これでは4回目が繰り広げられるかもしれません。

問題解決のためには「放射性物質汚染に対するリスク」を悲観と楽観の対極構造で捉える必

要があります。最終的には個人の判断に委ねるにしても、汚染状況を公開、認定して、一人一人がリスクを判断できる前提をつくるということです。社会全体としては、絶対的悲観も、絶対的楽観もあり得ないわけです。暗黙ではなく、オープンなコミュニケーションで〝対放射能コンセンサス〟をつくる必要があります。しかし残念ながら、私たちはそういう合意形成の形式を持ち合わせていません。というか、私たち日本人にとっては、そういうことが一番苦手なのではないでしょうか。

「空気の支配」を脱して難問解決に関わるための第三の選択

この状況を脱するには、まず、私たち一人一人が「空気支配からの脱却」を自覚することです。そして、原発事故の問題や沖縄の基地問題のような「公共問題」について、オープンでフラットな環境で、専門家の意見を聞きながら、明示的にコンセンサスをつくる試みをはじめるべきだと思います。「電子投票システムを使って、問題毎に国民投票を行えばいい」というような極論を言うつもりはありませんが、少なくとも〝ややこしい問題〟についてのコンセンサスをどうつくっていくのか、そのチャレンジをはじめるべきだと思います。

慶応義塾大学教授の金子郁容氏は、今から10年以上前の1999年の著書『コミュニティ・

ソリューション』（岩波書店）でこの点を指摘しています。

金子氏は、その著作の中で、ケネス・アロー（1972年にノーベル経済学賞を受賞したアメリカの経済学者）の社会的選択理論を引きながら、日本のような資本主義と民主主義の進んだ国で、何らかの〝社会的選択〟が行われる方法を大きく3つに大別して説明しています。

●第一に、政治的解決。これは選挙によって選ばれた為政者による問題解決。多数決によって選ばれた政治家、リーダーに選択を負託するということです。

●第二に、経済的解決。市場原理に基づいて経済的に問題を解決していくというもの。全てではありませんが、多くの問題は市場原理に基づいて解決できるということです。

●**最後に、社会を構成する私たち一人一人が相互的、自律的に関わりながら図る問題解決。**

この3番目の解決策は小さな社会の単位、例えば、村や町や共同体のようなところで適用されるものであり、近代以降の世界では極めて希少なやり方だとされています。

金子氏は、この3つのアプローチをそれぞれ「ヒエラルキー・ソリューション」「マーケット・ソリューション」「コミュニティ・ソリューション」と整理した上で、政治的解決（「ヒエラルキー・ソリューション」）については、インターネットの普及によって情報格差がなくなり、政治的統制が効果を発揮しづらくなるだろうとしています。経済的解決（「マーケット・ソリューション」）については、そもそも資本主義が行き詰まりを見せていること、また地球環境の問題を筆頭に、経済原理だけでは解決できない問題が発生している点を指摘しています。その上で、インターネットによって人々のコミュニケーション量が飛躍的に増大することで、第三の「コミュニティ・ソリューション」に新しい力が注入され、ビジネスチャンスを生みだしていくと予見しています。

金子氏の予見から約12年を経て、いま「ヒエラルキー・ソリューション」「マーケット・ソリューション」だけでは解決できない〝ややこしい問題〟が目の前に山積しています。

原発事故後の放射性物質汚染に関する問題について、日本の政治的ソリューションは機能不全に陥っています。経済的ソリューションについては、欧州の金融危機、米国や英国で起こる経済格差への民衆の怒り等、まさにこれまでのグローバル市場経済への批判そのものです。

但し、私は「政治的解決」や「経済的解決」の重要性が一方的に減じるとは思っていません。むしろ、難問解決においてこの2つのソリューションを補完するためにも、私たち一人一人が積極的に問題解決に関わる3つ目の「コミュニティ・ソリューション」を手に入れる必要があると考えます。

これまで小さな集落、地域の会合、NPOや市民団体のソリューションと思われていた「コミュニティ・ソリューション」の中から、暗黙ではなく、オープンでフラットなコンセンサスのつくり方を抽出して、社会のシステムとして精緻化する必要があります。その際に、メディアの役割も変わってくるはずですが、この点は次のレポート3で詳しくお話しします。「民度が低い日本人にそんなことができるわけがない。混乱するだけだ」という声が聞こえてきます。たしかに私もそう思うことがあります。

「具体的にどうやって実現するの?」「私たちはどうすればいいの?」と戸惑う人もいるでしょう。私も簡単なことだとは思っていません。

但し日本には、鎌倉や室町の時代から、「結《ゆい》」(田植えなどの作業を助け合いで行う)や「講」(仏教などの結社が、後に互助会的役割を担う)、「勧進」(公共事業へのチャリティシステム)などの伝統的なコミュニティ・ソリューションが存在します。このような共同システムは、明治から戦前までは各地方、地域で機能していたようです。また本書でもご紹介していきますが、現在も様々なコミュニティで、その伝統はカタチを変えて、難問解決の取り組みとして成果を上げています。楽観的に見れば、私たち日本人の中には、協調して真面目に難問解決に取り組むDNAが埋め込まれているのではないかとも感じます。

むしろ課題は、成功例を「素晴らしいですね」と、ただ称えて終わらせるのではなく、そこに内包されるコミュニケーションのあり方を抽出して共有することにあるのではないでしょうか。それができれば一歩、二歩、否、やり方次第では飛躍的に私たちの「難問解決力」は向上するかもしれません。

１００年ぶりに〝コミュニティ・ソリューション〟のシステムを再起動させる、しかも、そこには、インターネットやソーシャル・メディアという新しいコミュニケーション・インフラのサポートがあると思えばいいのではないでしょうか。

これまでの「慎み深く」「暗黙に」、但し、「ネットではネガティブな感情が炸裂している」、そんな日本人の合意形成のプロセスを見直すことからはじめてはどうかと思うのです。

レポート3.「マス・メディアの風景」／難問解決にマス・メディアはどう関わるのか

メディア＝マス・メディアであった時代、メディアは立ち位置やポジションを問われることはありませんでした。「４マス（新聞・雑誌・テレビ・ラジオ）」と呼ばれた時代、マス・メディアの立場は強固でした。しかし、今は違います。マス・メディアは改めて自らの立場と役割を明確にする必要があります。３本目のレポートでは〝ややこしい問題〟の解決とメディア、特にマス・メディアとの関係について考えます。

私は１９６５年（昭和40年）生まれです。小さな頃からテレビが大好きで、本当にテレビの影響を受けて育ちました。『徹子の部屋』（テレビ朝日系）に出演することが日本における最高のステイタスだと真面目に思い込んでいた時期がありましたし、山田太一、倉本聰《そう》、向田《むこうだ》邦子のドラマを全部見て、脚本も読み漁りました。『ザ・ベストテン』（ＴＢＳ系）、『オレたちひょうきん族』（フジテレビ系）に騒ぎ、ＮＨＫの朝の連続テレビ小説、大河ドラマ、紅白歌合戦がわが家の茶の間での話題でした。その大のテレビっ子の私からしても、残念ながら、いまのテレビ報道には、社会的難問に取り組む姿勢が見えてこない、あるいは、その気持ちがあっても構造的に限界があるのかなと感じます。そんな4マスの中でも、もっとも影響力が大きいテレビ報道から話をはじめたいと思います。

２０１１年の夏、保育園や幼稚園、小中学校の学校給食で、福島県産の野菜が使われなくなったという報道を何度か見かけました。7月中旬です。私は自宅でニュース番組を見ていました。東京都内で学校給食の野菜を食べない子供が増えているというところからレポートが始まりました。家から給食と同じ献立のお弁当を持参する子供が紹介され、給食に使われている食材が汚染されているかもしれないと心配する母親へのインタビューが続き、最後に食べ残された大量の給食を寂しそうに眺める給食のおばさんのコメントでＶＴＲが終了する。そして、ＶＴＲ明けのスタジオでの女性キャスターのコメントは「母親の立場からすれば心配をする気持ちはわかりますよねぇ」でした。テレビを観ていて思わず、「何これ?」と声を漏らしてしまいました。

放射能を恐れて、子供にお弁当を持たせる母親の行動は、個々人の判断なので、どうこう口をはさむつもりはありません。私が疑問を感じたのは、不安を感じて自己防衛策を徹底する母親もいれば、一方で、そこまで心配していない、むしろ楽観的な母親もいるはずで、その中で、このレポートは、なぜ「悲観的な母親」だけを強調して取り上げたのかということです。その不安だけを全国ネットのニュースで大きく取り上げる意図はどこにあったのでしょうか。

レポート2でも述べた通り、福島の農産物をはじめ、放射能汚染に関する最大の問題は、個々の判断の前提になるコンセンサスの欠如です。政府は安全確保のための流通規制値を決め、その規制値を下回る食品は流通してよい、安全であると宣言しています。しかし実際には、首都圏の学校給食の現場では福島県産の野菜が締め出されていますし、福島県下でも、生産者側が自主規制して出荷を控えている状況です。〝締め出し〟がけしからんという話ではなく、いま現実にそういうことが起こっているときに、メディアは一体、何を伝え、何を指摘するべきなのでしょうか。

この学校給食の報道で言えば、多くの母親の不安を取り除くためには一体何が必要なのか、を問いかけるのが最も当たり前のアプローチだと思うのです。確かに、そこに焦点をあてても簡単に答えは見つからないかもしれません。しかし、だからこそ、その問題解決に向かって取材を組み立てるべきではないでしょうか。先ほどのニュースにはそういう意図が全く感じられないどころか、ただ母親たちの不安を煽って、スタジオでキャスターが「心配なお気持ちはわかります」で締めて終わりです。一体何を伝えたかったのでしょうか。

社会に発生する問題（事件や事象）を客観的に報道するという姿勢は十分に理解できます。しかし一方で、報道には必ず意図があります。企画会議を経て、取材をして編集をして、記事や番組になっていく過程の中で、各社、各番組の意図というものがそこに込められます。極論すれば、天気予報のように淡々と事実だけを伝える場合を除いて、意図を排除することはできないでしょう。

では、今回のような難問を取り扱うときに、テレビはどういう意図をもって臨むべきでしょうか。難問解決に向かうための報道の在り方について、今まで以上に自覚的であってもらいたいと思います。なぜなら、一般の主婦、母親に対するテレビの影響力は絶大だからです。実際に、このニュースが放送された翌日から私の娘が通う保育園では給食に使う「野菜の原産地リスト」が貼りだされるようになりました。翌週、息子の通う小学校のＰＴＡ主催の夏まつりイベントで、お父さんお母さんがつくる焼きそばのもやしが福島県産から千葉県産に変更されました。一緒に番組を見ていた妻は、「いままで私は無頓着過ぎたのかしら……」と不安と反省を口にしていました。

この番組の意図が、このような反響を引き起こすことにあったとは思いません。ならば、どのような狙いをもって報道するのか。その立場と役割を明らかにする必要があります。

〝難問解決〟にメディアはどう関わるのか

テレビの質が低下した、というステレオタイプな批判に終始するつもりはありません。私は、元来、テレビというメディアはそういうものだという立場にいます。長年、マス・マーケティングの仕事に携わっていて実感するのは、マス（不特定多数の人々）に一気に情報を伝えるメディアとして、テレビほど力のあるメディアはありません。ヤフーの〝トピックス〟など、リーチ（情報が到達する人数規模）という意味では、テレビを凌駕するメディアも出現してきましたが、しかし「映像情報×ストーリー展開」のかけあわせで作られる情報の厚みは圧倒的な訴求力を発揮します。

テレビは、指導者（リーダー）の決意やメッセージ、重要な事柄が決定する瞬間など、世の中の一大事を一気に伝えるメディアとして比肩するものがありません。思い出すのは、2005年8月の当時の小泉純一郎内閣総理大臣が行った、テレビを通じた記者会見ではないでしょうか。郵政民営化を争点とした解散総選挙の決意を語ったあの会見です。テレビは、one to n（1人から多数へ）、マス・コミュニケーションを最も体現するメディアであり、為政者が雄弁に

「決意」「決定」を伝えることができる、ヒエラルキーを支えるメディアです。これはコンテンツの質の問題ではなく、メディアの構造上の特徴です。

ところが、いま私たちが対峙する、複雑でデリケートな問題は、対極的に議論を重ねながら解決策を探さなくてはなりません。一気にではなく、積み上げ式に参加、賛同を得ていく必要があります。あるいは反対意見を認めながら、厳しい結論を下す必要があります。この場合、結果ではなく、プロセスが非常に大事です。テレビというメディアは、こういう積み上げ式のコミュニケーションに向いてはいません。

民主党の「事業仕分け」が、テレビをにぎわせたのは、その模様が劇的で面白かったからです。テレビは、各仕分けの議論を丁寧に報道したわけではありません。蓮舫大臣がバッサリと予算を切り捨て、埋蔵金がいくら発掘できたか⁉　テレビはそういう〝わかりやすさ〟を大切にするメディアなのです。

もちろん討論番組も存在します。それでも私は、やはりテレビというメディアの強みは、議論よりも象徴的な事実や事象を多くの人に一気に知らせるところにある、と思います。

だとすれば、私たちは、マス・メディア、特にテレビではない別のメディア空間で、少々わかりにくくても、建設的な議論をはじめる必要があるのではないでしょうか。

テレビ以外のメディアについて

ここまで、難問解決とテレビの関係を見てきました。テレビを最初に取り上げた理由は、冒頭にも申し上げた通り、マスとしての影響力が大きいからです。では、テレビ以外、新聞や雑誌やラジオはどうでしょうか。

ここ最近の雑誌やラジオの話題を拾ってみると、団塊ジュニア世代の主婦雑誌として、「マート族」という流行語も生み出した光文社の『Ｍａｒｔ』や、同じ光文社で40代女性を中心に、いつまでも美しいアラフォーの女性に光をあてた『ＳＴＯＲＹ』と『美ＳＴ』が好調です。

一方、ラジオでは元ＴＢＳアナウンサーでいまはラジオパーソナリティという肩書で活躍する小島慶子さんが司会を務める『キラ☆キラ』（ＴＢＳラジオ）が話題になりました。

いずれも、同じ感覚・感性でつながる人たちとの対話をベースにした誌面づくりや番組づくりが共通しているように思います。但し、ターゲットとの対話を実現できる能力をもったカリスマ編集長や名パーソナリティの個人の力によるところが大きいようにもうかがえます。企業として出版社やラジオ局が、自分たちの立ち位置とビジネスの構造をどう捉えているかが問題です。

いまでも、新聞社、テレビ局、出版社の中には〝揺るぎない地位〟を信じている方も少なくないかもしれませんが、現実は厳しいと言わざるを得ません。

例えばここ数年、マーケティング・広告業界では〝トリプル・メディア〟という捉え方が主流になっています。2009年に発表された概念で〝トリプル〟とは、ペイドメディア（〝買う〟という意味で、新聞、テレビ、雑誌などの広告情報）、オウンドメディア（〝所有する〟という意味で企業の自社サイトなど）、そして、アーンドメディア（〝得られる〟という意味で、非広告情報、生活者が発信する口コミや評判、また新聞やテレビなどの第三者情報など）の3つを指します。企業のマーケティング視点からの区分としてはわかりやすい指標です。ここでは既に新聞やテレビや雑誌やラジオという旧来の区分は存在しません。そういう括りではいまのメディアを捉えきれなくなっているということの表れです。だからこそ、メディア企業は、どこにポジションをとるのかを主張する必要があるのではないでしょうか。

例えば、新聞社の社員に、トリプル・メディアの視点で「新聞広告（ペイド）メディアですか、非広告（アーンド）メディアですか」と尋ねたら答えに窮するはずです。そもそもメディアには、広告の側面と、非広告の側面の両方が含まれているわけですから。さらに、朝日新聞や読売新聞からすれば、朝日新聞社や読売新聞社の自社メディアだということも言えなくはないわけです。また、非広告メディアという視点では、記事や番組は口コミや評判と同じ括りになっています。メディア企業はプロフェッショナルとして、どんな構造で、どれほどの影響力を社会にもたらすのかを明らかにする必要があるでしょう。

「ヒエラルキー型」「ネットワーク型」コミュニケーションの渦の形

そこで私からの3つ目の問題提起は、難問解決に対しての各メディアの立場と役割の再考です。

その考え方の一つとして「ヒエラルキー型コミュニケーション（それを支援するメディア）」と「ネットワーク型コミュニケーション（それを支援するメディア）」という視点を提案したいと思います。

テレビ、新聞、雑誌、ラジオはもちろん、ネット・メディア、企業のサイトや公式アカウント、公人、著名人のソーシャル・メディアまで、あらゆるメディアを対象に考えたいと思います。ここでの対象は、戦略をもって情報発信を行うメディア企業、およびメディア主宰者です。

では、どんなメディアがヒエラルキー型のコミュニケーションを支援するのかというと代表的なのはテレビ、新聞のいわゆるマス・メディアでしょう。不特定多数の人に情報を配信する機能をもっていて、ヒエラルキー上層部からの上《じょう》意《い》下《か》達《たつ》を支援すると同時に、逆に彼らをチエックする役割も担っています。引き起こされる〝コミュニケーションの渦〟は上下の方向です。**〝コミュニケーションの渦〟とは、人と人の間で起こる情報の行き来。さらに、メディアからメディアに情報が伝播するときに起こる連鎖反応などを指します。**

ヒエラルキー型では目線の高さに差があることで、情報は上下に行き来します。これは旧4マスに限ったものではありません。ヤフーなどの大手ポータルのニュース記事はヒエラルキー型のコミュニケーションの一翼を担っていますし、100万人以上がフォローする政治家や大企業の社長がつぶやくツイッターは、ソーシャル・メディアを使いながらもヒエラルキー型のコミュニケーション・ツールになっていると言えます。

一方、ネットワーク型のコミュニケーションを支援するメディアはというと、例えば、料理レシピでユーザーをつなぐ『クックパッド』『レシピブログ』やコスメの口コミ情報の『@コスメ』などがわかりやすいかもしれません。テーマへの関与度を前提にして、ユーザーとの対話や交流を引き出します。ここでのコミュニケーションの渦は水平方向です。ネットワーク型では、目線の高さが同じなので情報は横方法に行き来します。これも、ネットやソーシャル・メディアに限定するものではありません。地方ラジオのローカル番組、NPOが主催するセミナーやワークショップも、非デジタルなネットワーク型のコミュニケーションとして機能しているかもしれません。

	ヒエラルキー型	ネットワーク型
規模	マス、不特定多数 数十万人〜数百万人以上	ミニ〜ミドル、特定多数 数百人単位〜数万人
メディアの立場	冷静なジャーナリスト 客観的で批評的 記事の執筆、番組の制作	親しみのあるファシリテーター 確固たる持論はあるが聞き上手 プラットフォーム、広場の主宰者、管理者
形態	「ニュース」「話題」に対して 「反響」が生まれる	「テーマ」「議題」に対して 「対話」「交流」が生まれる

（図3　「ヒエラルキー型とネットワーク型」）

図3では、ヒエラルキー型とネットワーク型の違いをわかりやすくするために〝両極端〟に視点を振り分けて説明しています。実際には、ハイブリッド（混合）型や中間の立場もあり得ると思います。

規模については、「ヒエラルキー型」はその目的から多数にリーチすることに意味がありますが、「ネットワーク型」では、規模の大小ではなく「関与度」「参加・交流」を重視します。但し、ネットワーク型でも、数千万人の会員を誇るメディアもありますので、ネットワーク型＝〝規模が小さい〟とはいえないでしょう。

私からの問題提起は、このような視点で各メディアが、社会との関係、自身の在り方を明らかにする（自覚する）ということです。

さらに企業の自社サイトにおいても、同様にコミュニケーションを支援するスタンスを考える必要があります。

難問解決のために、ヒエラルキー型ではないメディア空間で建設的な議論をはじめる必要があると言いました。〝レシピ情報〟や〝コスメ情報〟のように楽しくはないかもしれませんが、公共問題や社会的な課題についての議論や対話をどのメディアが支援するのかが問われています。

一方でテレビや新聞やニュースポータルサイトは、どのネットワークから立ち上がってくる情報をヒエラルキー型のマス・コミュニケーションに載せるのかを選別する責任があります。上から落とすだけではなく、下から引き上げる目利きとしての働きが期待されます。

4マスの時代と比べて、いまは様々なメディアが、大小、縦横の〝コミュニケーションの渦〟を巻き起こしています。そのパターンとバリエーションが増えたということです。

各メディアの在り方が明らかになってくれば、読者や視聴者として、それぞれのメディアを評価して、それぞれとの付き合い方を考えることができるはずです。

難問解決の視点から言えば、それぞれのメディアの渦を組み合わせて、大きなうねりをつくることを目指します。

例えば、毎日新聞に期待すること

これからのメディアの在り方を考えるヒントとして、毎日新聞のお話をします。

2010年4月、毎日新聞が約半世紀ぶりに共同通信社に再加盟しました。ご承知のように共同通信は日本を代表する通信社で、全国の地方紙（都道府県にある地元新聞）は、共同通信からニュース配信を受けて紙面を作っています。全国紙でも、日本経済新聞、産経新聞は元々加盟していますし、NHKも加盟社です。一方で、朝日新聞、読売新聞、毎日新聞は、あくまでも独自取材記事にこだわり、海外ニュースのみ共同からの記事配信を受けていました。

ところが約50年ぶりに、毎日新聞はいわゆる発表モノのニュースについては共同配信を活用して効率化を図り、自社の記事では独自取材に力点を置くという方針を打ち出しました。発行部数で、読売、朝日に大きく水をあけられ、経営状況が厳しいのでは？　と憶測される毎日新聞の共同再加盟は〝リストラの一環〟とも報じられました。

私自身は毎日新聞の経営の内情に興味はありません。ただ、仕事を通じて、毎日新聞の記事に感銘を受けたことが少なからずあります。

例えば、2010年6月13～17日に連載された「境界を生きる　子どもの性同一性障害」という記事は、性同一性障害（ＧＩＤ）をテーマにしたシンポジウムを開催したときに知り合った、毎日新聞社会部記者の丹野恒一さんと五味香織さんによるものでした。この記事は、性同一性障害の当事者や家族を含め多くの読者の感銘を呼びました（身を切られるような想いが伝わる記事でした。スペースの関係でご紹介できないのが残念です）。

こういう地味なテーマを掘り起こし、問題を提起するジャーナリズムの働きを、今後はどのメディアがどんなビジネスモデルで担っていくのでしょうか。もちろん、朝日新聞や読売新聞にも、そういう記事を見つけることもありますが、毎日新聞には社会派のジャーナリズムを体現する記事が多いように感じます。

朝日新聞、読売新聞と日本経済新聞には、ヒエラルキー型のマス・コミュニケーションの役割が期待されている気がします。一方で、毎日新聞には、３紙とは全く違うタイプの記事を期待したいと思います。大きなお世話を百も承知で言いますが、もし、毎日新聞に、今後、さらに大きなリストラが必要な場合には、是非、いわゆる「３大全国紙」という旧くて固くなった殻を捨てて、新しい社会派のジャーナリズムとして生き残ってもらいたいと思います。政治面でのヒエラルキーの支援または批判からは一線を画して、経済でも、社会や生活でも、ネットワーク支援を標榜する唯一の新聞社としてのポジションを目指して欲しいと思います。

難問解決とメディアの新しい関わり方

レポート2の最後でもお話しした通り、20世紀後半の50年、資本主義で民主主義の社会では、選挙で選ばれた政治家と、市場を席巻する企業経営者がコミュニケーションを主導する時代が続いてきました。これを支援してきたのがマス・コミュニケーションでした。つまり、権力をチェックするという役割も含めて、これまでの新聞やテレビを中心にしたマス・メディアは、ヒエラルキー型のコミュニケーションを支える機能を担ってきました。

但し、世紀が変わると、新しいコミュニケーションの潮流が現れてきました。そこでは、オープンでフラットなネットワーク型のコミュニケーションを支えるメディアが生まれる可能性があります。ならば、各メディアは今後、報道機関、言論機関、文化エンターテイメント機関として、どこに関わってビジネスを展開していくのでしょうか。変わらずヒエラルキー型コミュニケーションの一端を担うのか、それとも違う生き方を模索するのか。既に、新しいポジションを確立すべく動き出しているメディアも少なくないはずです。

私はマスが衰退するとか、ソーシャルが世の中を席巻するとかいう趨勢の話をしたいのではなく、社会とメディアの関係の中で、ヒエラルキー型のコミュニケーションとネットワーク型

のコミュニケーションをどう組み合わせて機能させるかという議論をしたいと思っています。

難問解決コミュニケーションでは、いきなりマスに知らせるのではなく、議論や協議の過程からコミュニケーションがはじまります。従来のマス・コミュニケーションの感覚で言えば、編集会議や制作会議をオープンにするようなものです。いま、それが出来るインフラが、ネットおよびソーシャル・メディアの空間には広がっています。ここに非デジタルの雑誌、ラジオ、新聞社のもつ編集力、表現力が融合することで（次ページの図4）、新しいネットワーク型コミュニケーションができることも期待しています。それは各メディアのデジタル化にもつながり、新しいビジネスを生むはずです（この実践例は第4章でご紹介します）。

そこで起こされた議論、話題、運動をヒエラルキー型のメディアが取り上げることで、大きな反響を生み、さらに多くの人を巻き込むことになります。こういうメディア間の役割、機能が明確になり、それぞれがビジネスとして成立することを望みたいと思います。

ヒエラルキー型

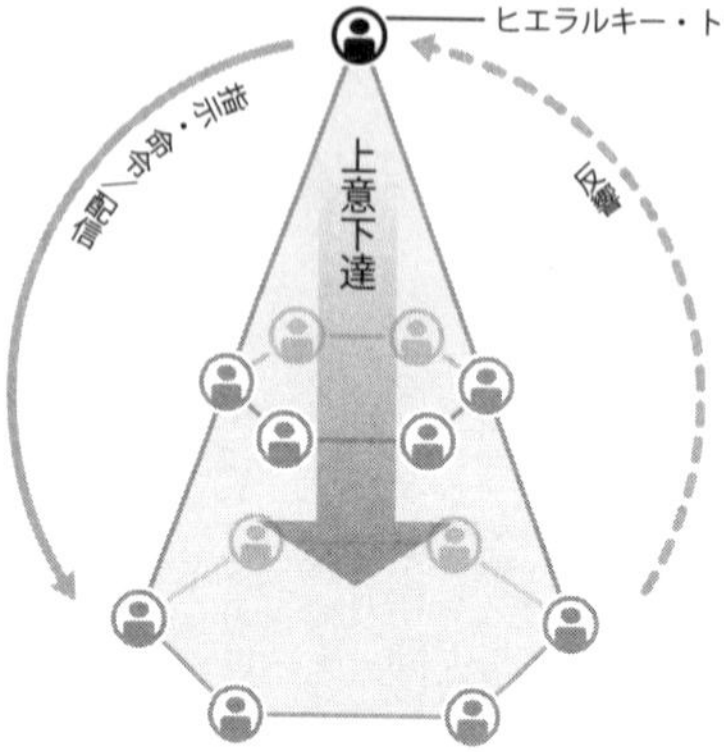

ヒエラルキー・トップを頂点にした、指示・命令とそれをサポートするメディアによる配信、それらに対する反響

ネットワーク型

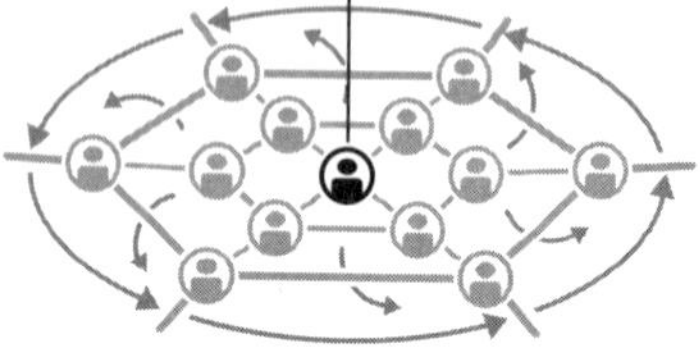

プロジェクト・リーダーを中心にした人的ネットワークづくりとそれをサポートするメディアによる交流促進

ヒエラルキー型とネットワーク型の融合モデル

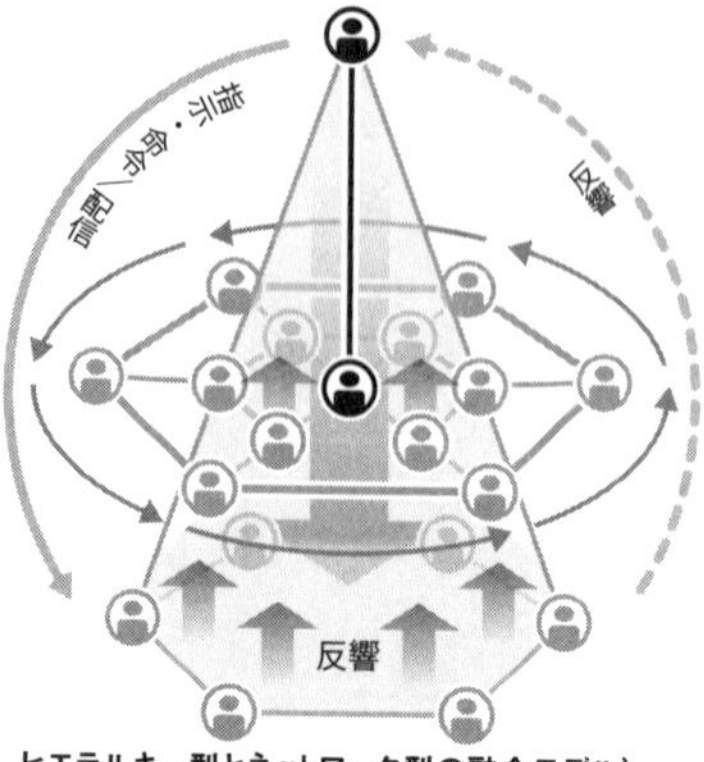

（図4　ヒエラルキー型とネットワーク型の融合モデル）

第2章

ソーシャライズ!
2つの文脈が重なるところ

〝コーズ（大義のある）マーケティング〟、〝エシカル（道徳的）消費〟などの
キーワードが意味するところは、マーケティング・テーマの社会化です。
時を同じくして、新しいコミュニケーション・インフラとして
ソーシャル・メディアが一気に普及してきました。
この2つの文脈を辿りながら、〝ややこしい問題〟を
解決するためのツールとして、私たちが新しく手に入れた
ソーシャル・コミュニケーションの可能性について考えたいと思います。

ケース2.「ガリバー×タッグプロジェクト」

米国では「ソーシャル・グッド！」＝〝ITを使って気軽に社会的問題を解決しようぜ！〟というムーブメントが若者を中心に盛り上がっているそうです。〝そうです〟と伝聞形にしたのは、私自身が実際に見てきたわけでなく、私より若くて優秀なマーケッターたちからの〝聞きかじり〟だからです。

そもそも私はデジタルにも米国にも疎いので「別にネットを使わなくても〝ソーシャル・グッド！〟って評価すればいいじゃないの。え、どうなのよ？」とやや斜めに居直ったりしてみるのですが、いまや〝若さ〟と〝テクノロジー〟の波に完全に呑まれて白旗をあげています。

そこでまず、彼らが「(ITを使った）社交」と「社会貢献」という2つの文脈の重なるところを見事に射抜いた事例を紹介します。

3・11東日本大震災後、多くの企業がさまざまな形で復旧・復興のための支援を行っていますが、その中でツイッターを活用し、企業、NPO、一般生活者を連携させた成功事例として中古車の買い取り・販売の株式会社ガリバーインターナショナル（以下、ガリバーインターナショナル）が行った支援策をご紹介します。

２０１１年9月18日付の日本経済新聞の「中外時評」（コラム）では、企業の情報開示の姿勢をテーマに、不信感を招いた東京電力の情報開示に対して、オープンでフラットな姿勢で消費者の信頼を得た好例として、ガリバーインターナショナルの支援活動が紹介されています（写真3）。

さて、読者の皆さんはガリバーインターナショナルという企業名を聞いて、何を思い浮かべますか？　そうです、あのグリーン＆イエローのロゴマークでしょう。全国に直営・フランチャイズを合わせて約４２０店舗を展開し、〝画像販売〟という独自のビジネスモデルにより中古車販売の世界を大きく変え、今や業界で販売実績№１となった企業です。従来の中古車販売のスタイルである実車展示も行ってはいますが、基本的にはパソコンから、豊富な在庫車両を収めた画像付きのデータベースにアクセスして、希望に合った一台を選ぶ、という独自の販売方式で業界に風穴を開け、創業から17年という短い期間で現在のポジションまで成長してきた企業です。

２０１１年の春からこのガリバーインターナショナルのマーケティングを統括している北島昇さんが本件の主人公です。

中外時評

市民との対話 問われる企業

消費者目線が成長導く

論説副委員長　水野　裕司

炉心溶融（メルトダウン）が起きていたのに情報がなかなか国民に知らされない。放射性物質の拡散の実態もいまだにはっきりせず、農家、漁業者や消費者を混乱させている。福島第1原子力発電所の事故をめぐる政府や東京電力の情報開示には多くの批判がある。

電力会社は夏の電力不足対策で家庭や企業に節電を呼びかけたが、各発電所の能力や他社から融通を受けられる電力がいくらかなど日々の供給体制の開示は今も十分でない。原発再稼働やプルサーマル計画の説明会参加者を動員する「やらせメール」問題も表面化した。

が、目を転じれば悪い見本ばかりではない。政府や電力会社の説明姿勢の問題に隠れて目立たないが、市民との対話を深める新しい動きもある。

「本を載せて移動図書館にしてはどうか」「幼稚園の送迎車にしたい」「避難所へ食材を運ぶのに使いたい」――。中古車買い取り・販売のガリバーインターナショナルは大震災の被災地に1000台の車を提供することを決め、このうち非営利組織（NPO）などの団体に貸与する100台の使い方を簡易ブログの「ツイッター」で市民から提案してもらった。

実際に被災地で支援活動をしているNPOならではの要望を含め多数の意見が集まり、貸与台数は200台に倍増。提供先の団体が決まるなどの動きがあるたびにホームページ上で情報開示してきた。

ソーシャルメディアを活用したのは「車がどう使われれば効果的か当社だけで知恵を絞っても限りがある。生活者の声に謙虚に耳を傾けるのが一番」（担当者）と考えたためという。情報公開はアイデアを出してくれた人たちへの説明責任からだ。貸与する車は会社の資産なので投資家へ説明する意味もある。

目線を消費者や投資家などのステークホルダー(利害関係者)に合わせたガリバー。これに対し政府や電力会社は発信する情報を自分たちの都合で取捨選択する傾向が強い。いわば「上から目線」だ。

「戦前から日本は『お上』の感覚が浸透し、民は官に手取り足取り教えてもらうものという意識が強い」と、企業統治に詳しい中島茂弁護士は話す。電力会社も国とともにエネルギー政策を担い地域独占が認められ、純粋の「民」とはいえない。政府や電力会社の情報開示姿勢はお上意識から来ていると考えればわかりやすい。

だが大震災から半年間、不信感が積み重なり、「お上」の権威も形無しだ。いっそう厳しくなる市民の目にどのように応えるか企業も問われる。

発展途上国でかばんやアパレル製品を作るマザーハウス（東京・台東）は、バングラデシュの首都ダッカに設立した工場の様子を、日本の店舗で消費者に生中継で見せる。日本の消費者が工場を訪れ、従業員とじかに話す見学ツアーも開いている。

世界に通用するブランドを生み、途上国の自立を手助けするのがマザーハウスの企業理念だ。バングラデシュの自社工場は素材の開発にも取り組み、デザインも自前。40人の従業員は品質改善に力を入れ、ひとり当たり生産性の向上も著しい。

そうした現場の様子を日本の消費者は自分の目で見ることができ、ツアーではかばん作りを従業員に教えられながら体験する。マザーハウスとはどんな企業か、わかってもらう工夫だ。

企業の目的や理念に共鳴した消費者は、商品やサービスを購入するなどの形でその企業を長く応援してくれる可能性がある。情報開示の充実は企業の成長力を高める上で重要になる。

大震災後の消費者の企業を見る目の変化は、好感を持たれるテレビコマーシャルの傾向にも表れている。大震災後に話題になったひとつが家庭用品メーカー、エステーのCMだ。

舞台は18世紀に大地震があったポルトガルのリスボン。街並みを背景に現地の少年が歌うこのCMは消臭剤の宣伝だが、「日常の暮らしに戻ろう」というメッセージを込めている。震災復興を応援するとともに、日用品を製造するエステーの存在意義も訴える形になっている。

「震災以降、消費者は商品広告だけでは満足しなくなり、企業がどんな姿勢で製品を作っているかに目を向け始めている」（CM総合研究所）という。

2000年に起きた雪印乳業（現在の雪印メグミルク）の食中毒事件や相次いだ表示偽装問題などで、消費者は「安全」や「公正」といった観点から企業を選別し始めた。加えて大震災後は、その企業が社会でどんな役割を果たし、どう貢献しているかを消費者は注視している。

（写真3　日本経済新聞2011年9月18日付朝刊より）

マーケティング統括者の問題意識

先ほどの日経新聞の記事にもある通り、「ガリバー×タッグプロジェクト」は、ツイッターを最大限に活用したソーシャル・コミュニケーション戦略の実践例です。その詳細を説明する前に、まず、本件の主人公、北島昇さんの問題意識と、彼が見据えるマーケティング・コミュニケーション像についてお話をしておきたいと思います。と言うのは、この北島さんの考え方とスタンスが、「ガリバー×タッグプロジェクト」の在り方に大きく影響を与えているからです。

北島さんは2010年まで同社の広報の責任者でした。広報部長時代から、常にマーケティングを意識していた北島さんは、ツイッターの公聴機能を活用したマーケティング施策を既に2つほど実践していました。

一つは首都高速道路の巨大看板広告のコピーの募集。それまで大手広告代理店のコピーライターが請け負っていた広告コピーを、〝エイ！　思いきって一般から募ってしまえ！〟という企画です。PR部門を統括していた北島さんとしては、話題化も狙った企画だったということです。

もう一つは、「中古車リ・デザインプロジェクト」。ズバリ、中古車販売の今後をどうしたらいいのか、というテーマを消費者に投げかけるというものです。いずれの企画も北島さんにとっては「手応え」を実感できるものだったと言います。

「首都高の看板コピーはびっくりするぐらい質の高い、ユーザー視点ならではのコピーが数百集まりました。正直、今までは何だったんだと思いましたね（笑）」「しかも、社内で作者の名前を伏せて、優秀な作品を並べた審査会をやったわけです。そしたら、なんとトップ5のうち、3つの作品が同じ人の作品だった。これはもう人材発掘のオーディションとして機能していると感じました。その人に専属のコピーライターになってもらえばいいじゃないかという意見もあったぐらいです（笑）」

「中古車のリ・デザインは、さすがに〝広告コピー募集〟のようにはいかないから、ネット上にファシリテーター（実際にはラジオの放送作家）を置いて、いろんな質問を投げかけて、いいアイデアを引き出すようにしました。まるで深夜のラジオ番組のように投稿をもらって、それをみんなでいじったりするわけです。そんな工夫をしながら、いろんな意見を聞きました」「若い女性から、携帯電話のようにクルマを色で選べるようにして欲しいなんて、ハッとするアイデアが出ました。いまの中古車販売には、そういう選択肢がないです。実験的に、ソフトバンクさんの携帯みたいに、パントーンカラーで選べるサービスをつくってみました」

なぜ、ソーシャル・メディアをマーケティングに取り入れたのか、北島さんに聞いたところ、その答えは明快でした。

「**勝率をあげたいからです。そのためには、聞いた方が早いですよね**」

「**ユーザー、消費者の声に耳を傾けること、そして、聞いた限りはその声に誠実に応えていくこと、これがセットになった時にマーケティングの勝率があがるはずです**」

北島さんは言います。「うちが流通業だということも関係します。お客様の要望にクイック・レスポンスで、サービスや売り方を対応していける。商品開発に何年もかかるメーカーとは違うと思います。ただ、大事なことは、そこに〝答え〟があるわけではなくて、お客様の〝期待〟があるということです。あとは、その期待にどう応えることができるかが勝負です」

もう一つ、北島さんの問題意識は、マーケティング・コミュニケーションの戦術ばかりが語られる中で、経営と対外的なコミュニケーションの距離をどう縮めるかにあります。つまり、企業の取り組みそのものが、最大のコミュニケーション施策であるという考え方です。

「**マーケティングでも、ソーシャルでも、とにかく〝取り組み〟が大前提です。企業がどれだけ汗をかいたか、かこうとしているか、が見えないと、誰も見向きもしてくれません**」

店頭キャンペーンでも、新しい販売サービスの提案でも、社会貢献でも、結局、その取り組みが世の中から注目されない、評価されないということは、経営の問題だと捉えるようにしていると北島さんは言います。

「ですから、私自身の最大のミッションはコミュニケーションと経営の距離を近づけることだと思っています」

こう語る北島さんは、２０１１年４月からガリバーインターナショナルの広報だけでなく、マーケティング全般を統括するポジションにつくことが内定していました。北島さんが、経営陣に、新しいマーケティング戦略の考え方を説明し、その施策の中で積極的にソーシャル・メディアを活用することを提案したのが３月11日の午前中でした。その日の午後、地震が発生します。

ミッション発令「１０００台のクルマを速やかに送り届けよ！」

新マーケティング部長となる北島さんが、経営陣に、今後のマーケティング戦略についてのプレゼンテーションを無事に終えた3月11日金曜日、午後2時46分に地震が発生しました。週明けの月曜日3月14日に、ガリバーインターナショナルは中古車１０００台を被災地支援のために無償提供することを早々と発表しました。週末を挟んで、月曜日の朝の役員会で決定して、発表です。この会社の意思決定のスピードの速さがわかります。

この決定を受けて、「1000台の車両をできるだけ早く、必要な方々に渡し切ること」というミッションが北島さんに言い渡されます。動き出した北島チームは、まず岩手・宮城・福島の東北3県の災害本部と連絡を取りながらクルマの提供を進めていこうとしますが、震災直後は自治体が被害を受けており、災害対策本部が混乱する中で、思うように車両提供が進みません。その一方で、現場のNPOや被災者から、車両提供を望む声が刻々と寄せられている状況だったと言います。一言で言えば、アン・マッチ。バラバラでうまく嚙み合っていない状態でした。「このままでは車両提供がスムーズに進まない」と感じた北島さんは、ソーシャル・メディアと連動したコミュニケーション・プラットフォームBlabo!（ブラボ）を活用する準備をはじめます。

Blabo!というのは、ソーシャル・メディアを活用した、企業と消費者、社会をつなぐコミュニケーションのプラットフォームです。Blabo!を開発した坂田直樹さんによれば「企業、生活者、NPOがいっしょに課題に挑むソーシャル・チャレンジ・プラットフォーム」となります。

北島さんとBlabo!の坂田さんは、先ほど紹介した、首都高の看板、中古車リ・デザインプロジェクトで既に旧知の仲で、今回のプロジェクトも3月14日の始動時から企画準備がはじまっていました。地震発生から1ヵ月が経過した4月11日に、北島さんと坂田さんが中心になり、Blabo!を利用した「ガリバー×タッグプロジェクト」が発足しました。タッグプロジェクトという名前には、バラバラでうまく噛み合っていなかった企業、NPO、生活者が、それぞれできることを持ち寄り、タッグを組んで復興支援にあたろうという想いが込められています。本プロジェクトでは、1000台中、まず100台のクルマの提供先、活用方法について、「あなたと決める」というキャッチフレーズを掲げて、要望・希望・アイデアの受け付けを始めます。

その時の「ガリバー×タッグプロジェクト」のBlabo!上での展開は、

●車両提供を希望する団体の申し込みを受け付ける。
●被災地でのクルマに対するニーズの実態や問題点に関する意見を募集する。
●一方で、クルマをいかに活用すべきか。支援策のアイデアを募集する。

の3点でした。

車両提供への申し込みは活動実績があるNGO・NPOからのものに限定することで、虚偽の申請を防止しました。一方で、被災地のニーズや活用アイデアは広く募りました。プロジェクト始動のニュースは、まずネット上の口コミで広がり、現地からは次々に要望や問い合わせが入りはじめます。一方で東京をはじめ、被災地以外のユーザーからはアイデアが集まりはじめました。

「現地入りした医師たちの移動をサポートするためのクルマが足りず困っています」

（写真4）

「クルマで移動図書館をやってみては」

などの活用アイデアも書き込まれました。

内容や参加者の反応を見ながら、北島さんを中心とするプロジェクトメンバーで、提供先やクルマの使い方を決めていきます。一番、頭を悩ませたのは、集まった要望やアイデアに優先順位をつけるということです。北島さんは、被災地のニーズに優先順位はつけられないと判断をして、車両の申し込みについては、受け付け順に上限いっぱいまでクルマを提供すると決めました。活用のアイデアなどは、プロジェクトメンバーやBlabo!での評価で、どれを実施するのか、決定していきました。

（写真5）

「小さな参加」続々と集まる！

そんな中で、プロジェクトの第1号車として決定したのが、「Blabo!で募集した被災地復興への想い（メッセージ）を書き込んだ車で、インストラクターを連れて避難所へ行き、ヨガ・マッサージを実施する」でした（写真4、5）。

この頃、Blabo!へのエントリーは、現地に入っているNPO、NGOからの情報提供や要望と、生活者からのアイデアをあわせると500を超え、現地で救援活動にあたっているお医者さんやボランティア団体のスタッフと、首都圏のサラリーマン、OLが、同じテーマで意見交換をしながら、最終的に「提供場所」や「実行するグッドアイデア！」を次々に決定していきました。

そんな中で、第1号車の「ヨガ&マッサージwithメッセージカー」が活躍する模様を取材したテレビ番組（フジテレビの『ニュースＪＡＰＡＮ』）がオンエアされます。またＮＨＫや全国紙でも取り上げられたことで、賛同の輪が一気に広がります。

「ガリバー×タッグプロジェクト」による支援車両の提供は当初１００台の予定でしたが、５月になって１００台追加され、活動は7月まで続くことになります。

「ガリバー×タッグプロジェクト」の示唆

実際に「ガリバー×タッグプロジェクト」に取り組んだ二人、北島さんと坂田さんは、このプロジェクトをどう総括され、そこから何を読み取っているのでしょうか。まず坂田さんは、「3月11日以降、いろんな企業が様々な支援を実施していると思いますが、今回のプロジェクトでは、ガリバー社の姿勢がいろんな方の共感を引き出したと思います。１００台のクルマの使い道を一緒に考えてもらいたいと、一般に投げかけて、本当にその場で判断して、提供先を一つひとつ決めて行くわけです。そのプロセスが全てオープンです。潔いというか、カッコよかったですよ。ツイッターを通じて寄せられる声も〝決めてくれてありがとう〟〝ホントにやってくれるんだ！〟と、実現されていく過程に皆さんが共感していましたね。企業としての責任を果たしながら、わからないことは率直に聞くし、協力もお願いする。誠実にチャレンジする姿勢が大事なのだと痛感しました。１００台のクルマの使い道を、**〝あなたが決める〟と一方的に委ねるのではなく、〝あなたと決める〟として、一緒に決めましょうという投げかけ方もよかった**と思います」

北島さんは、今回のプロジェクトを通じて、自分の考えるマーケティング活動に、これまで以上に確信をもてたようです。

「これからのマーケティング・コミュニケーションは、企業が裸になって、誠実に消費者に向かい合うことができるかが勝負だと思っています。今回のような社会貢献活動だけではなくて、例えば、商品やサービスの開発についても、カッコつけずに開発者が率直に、経緯やそこにかける想いを語っていく。お客様とのオープンでフラットな関係を前提にして情報を開示していく。そのためには企業側にも相応の覚悟が必要です。もう一つ言えるのは、今回のタッグプロジェクトではマーケティングにも好影響が出ています。本業に近いところで社会貢献活動を展開して感じたのは、いわゆるＣＳＲ（企業の社会的責任）とマーケティングを別々に考える必要はなく、むしろこれからはその境目がなくなっていくだろうということです。弊社で言えば、もともと、中古自動車の流通に疑問を感じ、ユーザーのために革命を起こしたいというのが起業の原点です。クルマの流通を通じて、社会と積極的に関わろうというのは当社の創業の精神そのものなのです。だからこそ、震災支援にも素早く動くことができたし、マーケティングにも好影響が出てきているのだと思います」

【コミュニケーション戦略設計のポイント】

難問（＝ややこしい問題）解決コミュニケーションの戦略設計におけるポイントを整理しておきましょう。

●チャレンジャーとしての姿勢が共感を生むということ

これは序章の魚鱗癬の梅本さんにも、共通します。北島さんの言う、〝汗をかく覚悟〟ということです。ポーズやコミュニケーション上だけで取り繕うような施策は通用しないということです。

●社会貢献活動と本業の境目がなくなるという指摘

企業でも利己と利他の合致するところが重要だということです。

●「ソーシャル・チャレンジ・プラットフォーム」の活用。Blabo!の活用

ソーシャルで完結するのではなく、ソーシャルで投げかけるテーマが、リアルに実施されていく、つまり、ネット空間と地に足のついたリアルなコミュニケーションの行き来が重要なのだと思います。

●ソーシャル・メディアから、マス・メディアへの波及、ポジティブ・スパイラル

興味深いのは、初動時の参加数です。毎日、NPO、NGOから100件程問い合わせや連絡があり、一般からのアイデアが500。ツイッターでのツイート、リツイートなどの波及は、恐らく数万人単位でリーチしていても、初動時に、実際に集まるアイデアや意見交換の数としては、これが現実的な規模ではないでしょうか。しかし、こういうアイデアの中から活動の実態ができあがり、それが次のマス・メディアへの波及効果を生むわけです。

●リーダーシップ

「ガリバー×タッグプロジェクト」のリーダーは間違いなく北島さんです。しかし、このプロジェクトの最終責任者は株式会社ガリバーインターナショナルの社長です。難問解決を目指すコミュニケーションにおけるリーダーシップという点では、企業のトップと現場のプロジェクトのリーダーである北島さんとの関係、またリーダーである北島さんと、それをサポートするメンバーたちが美しい連係プレーを見せています。

経営と現場の距離感、役割分担と責任感など、後述する統合型のコミュニケーションの実践上の課題である「コミュニケーション・リーダーシップ」についてのヒントがありました。

レポート4.「ソーシャル・メディアの風景」／難問解決と〝ソーシャル・メディア〟

このところ、私が生息するマーケティングの世界では「ソーシャル」という言葉がとても注目を集めています。それは「ソーシャル」を押し上げる2つの大きな潮流があるからです。

一つの潮流は、ツイッターやフェイスブックなどのSNS（ソーシャル・ネットワーキング・サービス）の隆盛、新しいコミュニケーション・インフラの話です。ここでのソーシャルの意味は「社交的」としておきます。

もう一つは、「社会的問題（ソーシャル・イシュー）」の潮流です。日本では1995年の阪神・淡路大震災後にはNPO、NGOの社会貢献活動が顕在化しましたが、今回の東日本大震災後には、さらに一般の生活者の間での「つながり」や「助け合い」に関する意識の高まりが見られます。

企業が事業戦略を考える上でも、環境問題やフェアトレードなど社会との関係性を無視することはできなくなってきましたし、社会貢献を意識した「エシカル（道徳的）消費」などもマーケティングの新しいトレンドだと言われています。個人も法人も、社会の中での自分たちの在り方を真面目に考える気運が高まっているのだと思います。

つまり、いま「ソーシャル」という言葉には、全く性質の異なるこの2つの文脈が折り重なっているわけです。ですから「ソーシャルの時代が来た」「ソーシャルな発想が大切だよね」と言った場合に、それをソーシャル・メディアの話だと考える人もいれば、社会貢献活動として解釈する人もいます。

会話をしていても、この人はどちらの文脈を重視している人なのだろうと考えることがありますし、会議の中でも、ソーシャルの意味が混同されていると感じることも少なくありません。

しかし、ここで「ご注意いただきたい！」と私が声を大きくしたいのは、**この2つの文脈を区別することではなく、2つの文脈が重なり合っているところに目を向けることです！　その重なるところに《時代の要請》があると考えるからです。**

「ガリバー×タッグプロジェクト」でご覧いただいた通り、ソーシャル・メディアを活用する最大のメリットは、同じ感性をもった多数の人＝〝**特定多数**〟が一つのテーマで意見を交わしたり、アイデアを出し合ったり、活動を組み立てたり、コミュニケーションを重ねたりしながら、人間関係をつくっていくプロセスにあると、私は思います。

そもそもコミュニケーションはデジタル、非デジタルに関係なく、**【one to one】【n to one】【one to n】【n to n】**という4象限に整理することができます（次ページの図5）。

コミュニケーションの原点に立ち返ると、対面で、あるいは手紙や電話を使った〝一対一〟

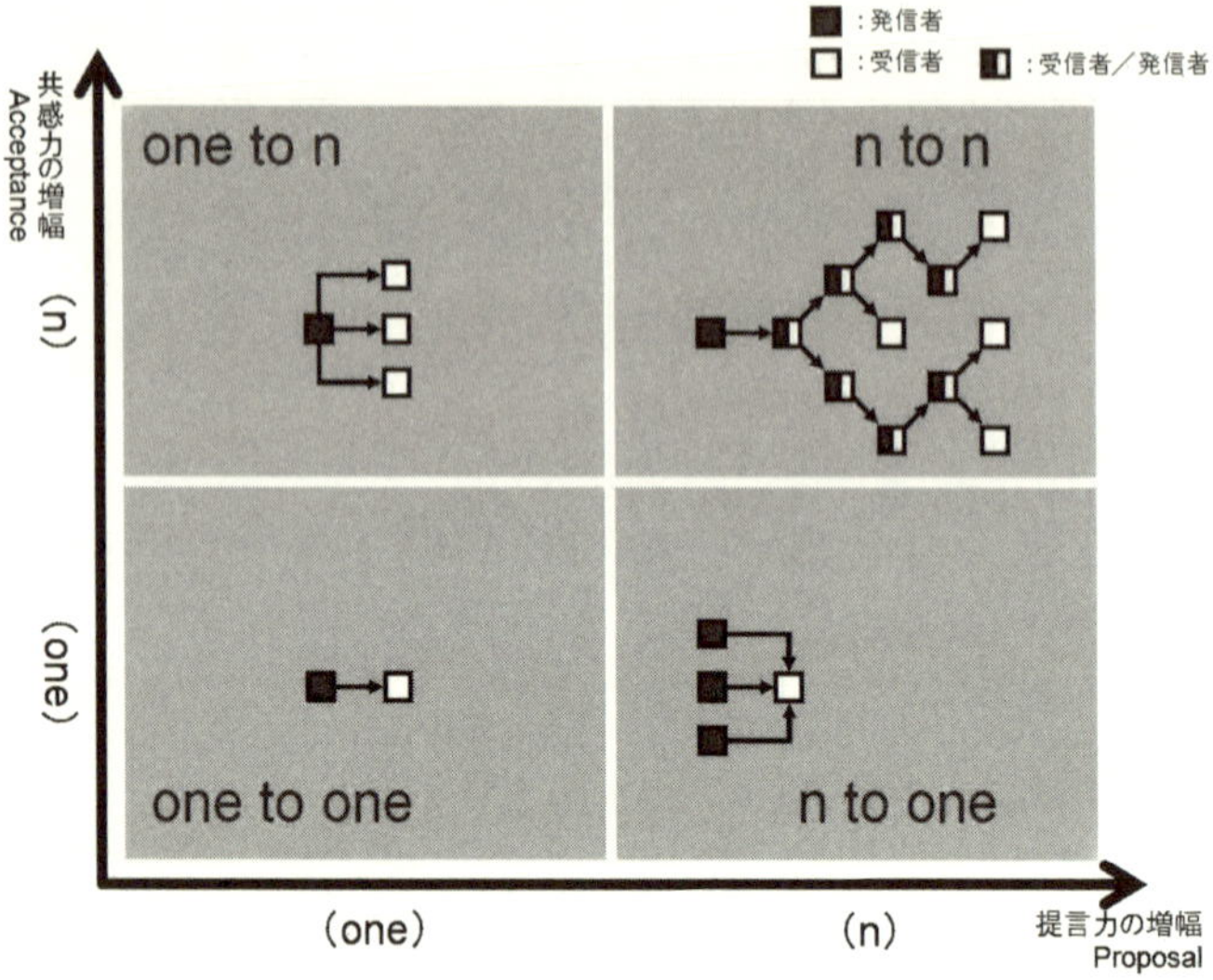

（図5　コミュニケーション2×4マトリックス）

のやりとりが最初です。手紙や電話を使った連絡、すなわち「**通信**」です。次に、マス・メディアが誕生して、新聞社やテレビ局等から不特定多数の人々に記事や番組や音楽や映像を、〝一対多〟で配るのが「**配信**」です。

インターネット時代に入って、一対一の「通信」機能が拡張されました。一対多の「配信」、多対一の「**反響**」と、コミュニケーションの基本構造は変わっていませんが、情報の流通量が飛躍的に増加しました。

一方、アナログで言う「会議」や「会合」、つまり【n to n】で複層的に対話を行うコミュニケーションは、ネット上では、チャットや掲示板という形で成立していましたが利用者は限定的でした。また、「グルメ」「ファッション」「美容」「家電」などテーマ別の口コミサイトも増えましたが、こちらもランキングで購買をガイドするという構造に限られていました。

そんな中で、2009年頃から、ツイッターやフェイスブックが、世界的に新しいコミュニケーションのインフラとして普及しはじめます。日本でも以前からミクシィ等のSNSはありましたが、インフラとして広く【n to n】のコミュニケーションを支援する可能性が出てきたのはここ数年の傾向です。これまでの「通信」「配信」「反響」と明らかにレベルの違うコミュニケーション＝「**交流**」がネット上で成立しはじめました。

私はソーシャルの〝2つの文脈が重なるところ〟にあるのは、この「交流」ではないかと考えます。

「遊び（ゲーム）」や「レジャー」でも、Blabo!のような社会貢献でも、何らかのテーマで、特定多数が参加し交流する、ここにソーシャル・メディアの可能性があります。「ガリバー×タッグプロジェクト」の例でも明らかなように、ソーシャル・メディアをうまく活用することで「交流」の場をつくり、活性化することができます。〝ややこしい問題〟を解決するために、従来のマス・メディアではつくられない、オープンでフラットな「場」を大いに活用すべきだと考えます。

これまでの「通信」「配信」「反響」と「交流」との違いを明らかにするために一つの式をお

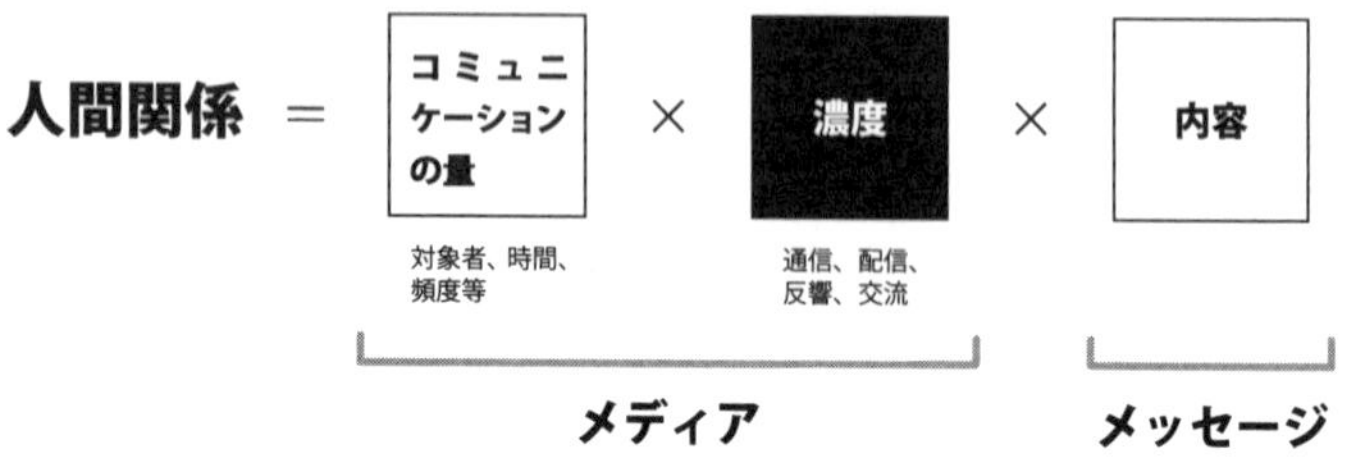

（図6　コミュニケーション成果を測る積算式）

示しします（図6）。コミュニケーションの成果を測る単純な方程式です。

　ここにある〝濃度〟は、量や内容以上に、コミュニケーションの構造の違いに影響されます。新聞やテレビが生まれてきた背景には、できるだけ早く、たくさんの人に効率よく情報を届けるという「量」に課題がありました。インターネットの出現で、コミュニケーションの量的問題は解消され、方程式の重心は量から質へと移行しました。そこにソーシャル・メディアが出現したことで、今度は構造の違い、人と人との関わり方の違い＝「濃度」の差異が浮き彫りになってきたというわけです。

ソーシャル・メディアの実践活用をどう考えるのか

次に、ソーシャル・メディアは実際のコミュニケーション・ビジネスにおいて、どの程度使えるのか。具体的に言えば、他のメディア、マス広告やマスPRなどの様々なプロモーションの手法と比較して、どう評価すればいいのか。その「費用対効果」や「ビジネスモデル」について考えます。

ここで、前提になるのは、私たちがどんなコミュニケーションを実現したいのかということです。つまり、図6の方程式で言えば、どんな成果＝人間関係を望むのか、そのために、どのような量、濃度、内容を想定するのかということです。

マーケティングなら広告やPRや店頭プロモーションの話ですし、通常のビジネスなら社内会議や取引先との会合などでも結構です。あなたが望む、コミュニケーションを考えてみてください。

10人と交流してうち半数の5人と友達になろうとするのと、1000人にパーティー・イベントの招待状を配って100人の動員を図るのとでは、量・濃度・内容も、そこから生まれる人間関係も違うということです。このことを念頭に置きながら、ソーシャル・メディアの使い方、費用対効果を考えるべきです。

2011年の事例に見るソーシャル・メディアの活用

2011年の広告業界ではソーシャル・メディアを使った様々なプロモーションが実施されました。広告やPRとあわせた統合型のキャンペーンが多いのですが、例えば「アイスの実」(江崎グリコ株式会社の超ロングセラーのシャーベットタイプのアイス/写真6)のブランド・コミュニケーションは、ネット上の「バズ(口コミ)」を発生させることを目的としたソーシャル・メディアを活用した展開です。

キャンペーンの基本構造は次のようになります。

●最後はテレビコマーシャルで、しっかりと商品を訴求することが大前提。
●広告のメイキング、制作過程を公開して、CMが流れる前にネット中心に話題をつくる。
●テレビコマーシャルを見たときに「あのネットで話題のCMだ」ということで広告効果が高まる。
●AKB48を使ったゲームを準備することで、ネットを介した〝参加性〟を付加。
●AKB48というマス・タレントを起用することで話題化を図る。

（写真6）　　（HPより）

この手のマス・プロモーションは、新手の〝配信〟として評価をすべきでしょう。つまり、あくまでもマス広告とのかけあわせで、マス・キャンペーンの〝濃度〟をあげることに一役買っています。テレビコマーシャルにソーシャル・メディアの施策を掛け合わせることで、コミュニケーションの成果を120%、130%と拡張させるのがねらいです。

次に、同じソーシャル・メディアを使った展開でも、広告の前振りでもなく、マス・タレントも使っていない事例をご紹介します。

ユニクロの「UNIQLO LUCKY LINE（ユニクロラッキーライン）」というキャンペーンです（次ページの写真7）。日本だけでなく、世界各国のユニクロで行われ、国内で14万人、台湾ではなんと63万人の集客を実現し

（写真7）　　（HPより）

たそうです。日本ではツイッターを使って、バーチャルなネット空間の行列に参加すると、リアルに使える割引やプレゼントの特典がもらえるというものです。

この使い方になると「配信」というよりも「交流」に近づいている気がします。同じユニクロのＷｅｂ施策で、数年前に2億ＰＶ（ページビュー）を稼いで話題になった「UNIQLOCK（ユニクロック）」というブログパーツがありましたが、ブログパーツの時代はまさに「配信」型のコミュニケーションであったのに対して、このUNIQLO LUCKY LINEではソーシャル・メディアを使ってコミュニケーションの〝濃度〟があがってきています。

そういう視点で国内〝14万人〟という反響

を評価する必要があります。現在、ユニクロの店舗数は、800店を超えています（2011年8月31日時点で843店。うち直営店が822店、フランチャイズ店が21店）。例えば、リアルな1店舗あたりの集客を仮に一日200人としても、全国で約17万人となります。実際の1店舗あたりの集客数は公表されていませんが、恐らくその3倍から5倍は下らないのではないかと思いますので、ユニクロのマス・マーケティングの規模を考えると〝14万人〟という数字は決して大きくないという見方もできます。

しかし、逆に言えば、UNIQLO LUCKY LINEでは、バーチャルとは言え14万人が列に並んだわけです。もし、仮に全国のユニクロの店舗の前に、リアルに行列をつくろうとしたとき、そのための告知ツールとして、新聞の折り込みチラシを使ったらどうなるでしょうか。

朝日新聞（発行部数約800万部）や読売新聞（発行部数約1000万部）の朝刊に、ユニクロからの特典や割引やTシャツプレゼントの折り込みチラシを打ち込むとしましょう。1000万世帯にチラシを配信して、反応率が1%であれば（ちなみに、通販の新聞の折り込みの反応率は0・1%でもかなりいい方だと言われます）、10万人が動員できます。仮に反応率が0・1%なら1万人です。いまどきの折り込みチラシの単価が1枚10円（制作費と広告費）と想定すると、1億円の投資になります。実際に店舗に行列をつくるには、それなりの投資が必要であることがわかります。

さらに言えば、デジタルのコミュニケーションでは、行列をつくった人の様々な「デジタル上の記録・足跡」が残っています。そこから、顧客とのリレーションが継続する可能性もあります。

コミュニケーションの成果である人間関係、そのための〝規模〟と〝濃度〟のバランスを考えると、ソーシャル・メディアを活用した14万人の行列の効率は悪くないと言えます（もちろん制作費次第で費用対効果は変わってくるわけで、私は実際のコストは知りませんが……）。

「アイスの実」のマスへの配信や、「UNIQLO LUCKY LINE」の10万人単位の交流、ケーススタディでご紹介した「ガリバー×タッグプロジェクト」の1000人から1000人単位のリアルな交流など、いずれの場合でも、これまでのマス・コミュニケーションよりも、自由度の高い枠組みで、ユニークで参加性の高いコミュニケーションを実現しています。ソーシャル・メディアのもつ最大の強みは、「参加」から生まれる「交流」です。繰り返しますが、この点を加味した計画と評価が必要だということです。

究極の「難問解決コミュニケーション」はCRMに通じる

最後に、ソーシャル・メディアのもう一つの側面として〝お客様対応〟、CRM（カスタマー・

リレーションシップ・マネージメント／顧客との関係づくり）との関係について取り上げます。

ツイッターの企業の公式アカウント、フェイスブックの企業によるフェイスブックページなど、「お客様へのクイックレスポンス」で成果を上げている事例が数多くあることは、私も知っていました。ところが、広告宣伝、ＰＲとは少し趣向が違うということで、それ以上踏み込んでいませんでした。

そんな折、もう1年以上も前の話ですが、わが家の任天堂Wiiが壊れました。ゲーム本体の取り出しボタンを押しても、ソフトが出てこないのです。〝うん〟とも〝すん〟とも言わない。そこから約1時間、私はネットと電話を駆使して、任天堂Wiiの故障というわが家の難問解決に挑みました。そのプロセスの中で「難問解決コミュニケーション」を毎日実践しているのは、宣伝でも広報でもなく〝お客様相談室〟であることに改めて気付かされました。

そう考えてみると、海外でも、日本でも、ソーシャル・メディアを活用した成功も失敗も、顧客の問題解決へのサポートに関わるものが実に多いことがわかります。〝エアラインの顧客対応の悪さ〟〝家電メーカーの修理の対応が最悪だった話〟など。逆に家電量販店のベストバイや無印良品や東急ハンズなど、成功事例もたくさんあります。

つまり、「困ったこと」「解決すべき課題」が目の前にあると、人は協調して、タッグを組んで行動でき〝交流〟が生まれるわけです。そういう状況とソーシャル・メディアは相性がいいのです。

ここにも、コミュニケーションの「濃度」を踏まえて、ソーシャル・メディアを活用するヒントがあると思います。

間メディア社会　4つのコミュニケーション空間を使いこなす

第1章から紹介してきた4つのレポートを締めくくるにあたって、現代の日本のコミュニケーションとメディアの風景についてまとめておきたいと思います。

第1章では「ヒエラルキー型」「ネットワーク型」のコミュニケーションとそれを支援するメディアの在り方について問題提起をしました。ここでは、さらに、生活者の視点から私たちを取り巻く4つのメディア空間、日常のリアルな対人コミュニケーションからマス空間、デジタル空間にまたがる俯瞰図についてお話をします。

学習院大学法学部の遠藤薫教授は、現在のメディア環境を指して「間《かん》メディア社会」と表現されます。電波メディアが生まれたことで活字メディアが無くなったわけではない、インターネットが浸透したら、テレビが無くなるわけでもない。つまり、新しいメディアは、既存メディアの代替えとして生まれるのではなく、新旧のメディアがつながり、影響し合いながら、新しいメディア空間をつくっていくのだという考え方です。120ページの図7は遠藤先生の「間メディア空間」という考え方を、私なりに4つの次元に分けて整理したものです。

1次元〜4次元におけるコミュニケーションの座標

1次元【グラウンド（地べた）】は、等身大の生活の中での日常コミュニケーションの空間です。ここでの視座は、**私事（ワタクシゴト）**です。

2次元【クラウド（雲）】はその名の通り、雲の上の話、つまり、世界情勢や日本の諸問題、事件や事故、またハリウッドや芸能界などが語られるマス・コミュニケーションの空間です。ここでの視座は、**世の中事（ヨノナカゴト）**です。

3次元【スペース（宇宙）】は先の2つの次元を呑み込むインターネット空間です。よって、コミュニケーションの視座も〝全て〟がそこにあります。時空の制限を超えた解放と混沌の空間です。

そして、4次元【ソーシャル】は、ネット上で出来たソーシャル・メディア空間です。私事（ワタクシゴト）でも、世の中事（ヨノナカゴト）でもない、「**ミンナの事**」を考えるのが、こ

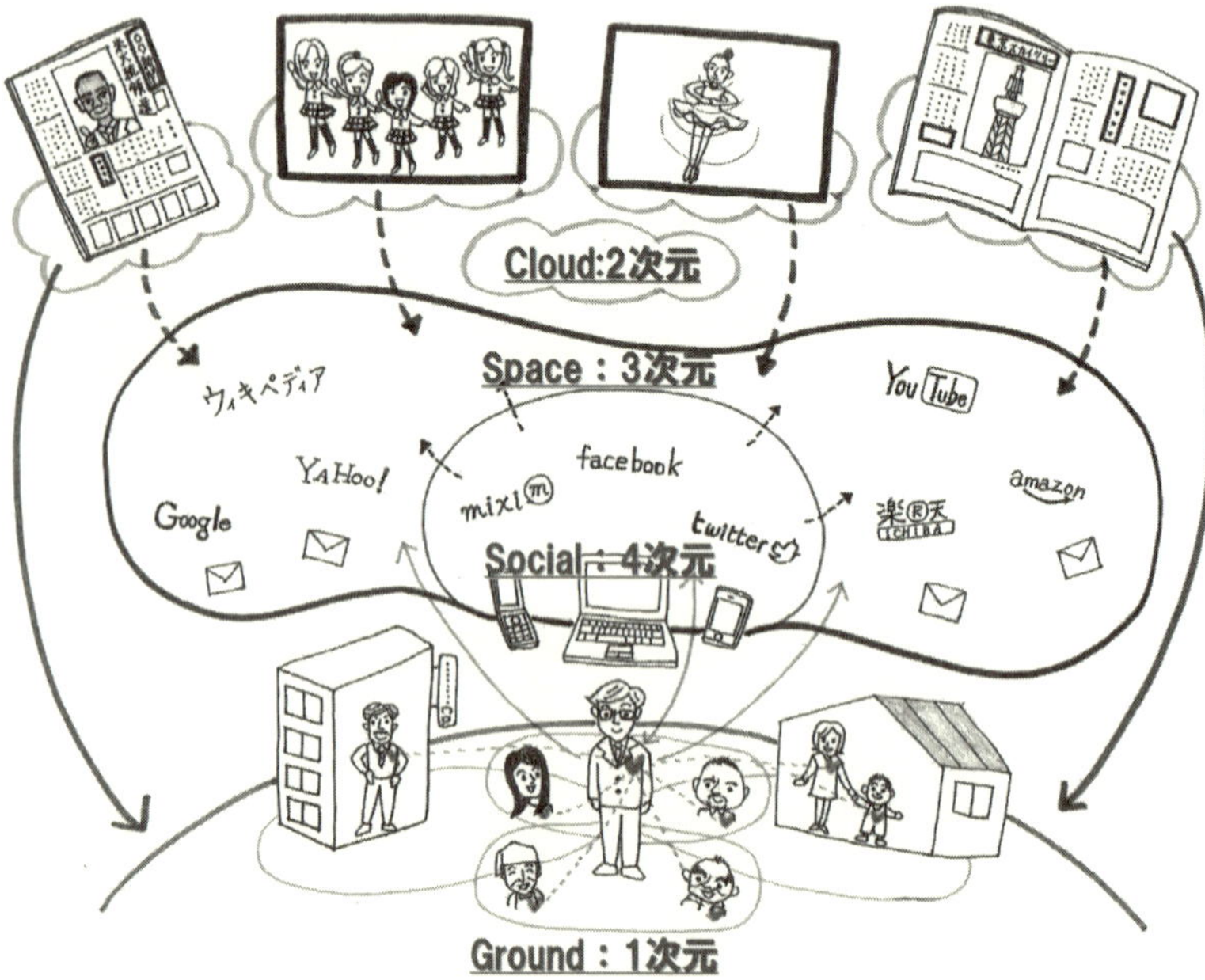
Cloud:2次元
Space：3次元
ウィキペディア
YouTube
facebook
YAHOO!
amazon
mixi
Google
楽天
ICHIBA
twitter
Social：4次元
Ground：1次元

（図7　間メディア図鑑）

の空間の視座となります。このソーシャル空間で、仲間と「ミンナの事」を組み立てることから、コミュニケーションを立ち上げるということができます。

私たちは人類史上はじめて、この4つの空間を自由に出入りすることができる環境に生きています。この環境をフルに使ってコミュニケーションを組み立てることができるわけです。それはとても恵まれた環境だと言えるでしょう。

但し、見方を変えれば、現代社会の〝ややこしい問題〟は、4つの空間を計算した高度な統合型のコミュニケーションが求められるということです。

メディアは時代の要請を母胎として、この世に生まれてくる！

イノベーション（技術革新）が新しいメディアを誕生させるきっかけであることは間違いないでしょうが、それ以上に、時代背景や世の中の気運や人々の生活や文化が、メディアの誕生と成長には深く関わっています。

例えば、新聞は産業の近代化と民主主義の台頭の中で生まれてきたメディアです。イノベーションとしては、印刷技術に支えられたわけですが、新聞が求められた背景には「イデオロギー」「政治」「経済」「市場（株式）」等人々が知りたい事象があったのだと思います。それを報道することがコンテンツの価値となって、新聞は大規模に購読者を獲得します。その副産物として「広告」というもう一つのビジネスモデルも生み出しました。

テレビというメディアは電波の技術によって生まれたわけですが、背景には政治、経済のグローバリゼーションがあり、映像情報によって言語を超えて「いま世界で何が起こっているのか」「世紀の一瞬」を地球規模で伝えることを可能にしたメディアです。米国大統領をはじめ生身のリーダーやスターが世界中に語りかけることができるようになりました。ビジネスモデルとしては無料放送で一気に規模を獲得しつつ、広告モデルとの組み合わせでメディア産業の巨人に育ったわけです。20世紀後半、テレビは、番組とコマーシャルの両面で「豊かで便利な生活」を映し出し「生活者」を刺激し続けてきました。

新聞やテレビは、不特定多数の人々に情報を効率よく配信する事業として時代に貢献してきたことがわかります。ならば、いまソーシャル・メディアには、インターネットを介して、特定多数の人と人を交流させるはたらきが期待されているのではないでしょうか。そこに時代の要請があると私は考えます。

第3章

難問解決コミュニケーションの要件定義

ここからの目線は〝ややこしい問題〟の解決に臨む
プロジェクト・リーダーが、いかにしてコミュニケーションを設計し、
実行し、管理していくのかというものです。
テーマを問わず、プロジェクトの規模にも
左右されない要件（求められる条件）を抽出しました。
「統合知」を核とした難問解決コミュニケーションの〝要件定義〟（図8）を解説します。

難問解決コミュニケーションの要件定義

全体を貫く２大要件

「統合知」

人間の知恵やアイデアを集積。同時にその知恵が関与者をまとめ、メディアを統合するための戦略の核になります。

「コミュニケーション・リーダーシップ」

運営上の最大の要件です。人的主導性（いわゆるリーダーシップ）から、テーマ・議題がもたらす求心力、メディアの指導性、また主導性などで構成される要件です。

ワークフローに沿った４つの要件、７つの手順

起

『起』はコミュニケーションの準備段階です。

「構え」＝取り組みのスタンスをどうつくるかを考えます。

手順1 「問題」を見極める　手順2 「構え」をつくる　手順3 「構え」を崩さない

承

『承』はコミュニケーションの初動の段階です。

「議題」＝どんなメッセージを投げかけるのかを考えます。

手順4 「小さな参加」を引き出す議題設定　手順5 プラットフォームを考える

転

『転』はコミュニケーションが本格化する段階です。

「波及」＝賛同を拡大する、ブレイクスルーの瞬間をつくります。

手順6 賛同の輪を広げる（マスへの波及）

結

『結』はコミュニケーションの成果を収める段階です。

「収める」＝自律・自走のための体制、組織をつくります。

手順7 組織化する

以上、前半の「起」「承」の要件は『統合知』をつくるために機能し、「転」「結」の要件は『コミュニケーション・リーダーシップ』に深く関わりますので、この順序で、それぞれの解説をしていきます。

（図8　難問解決コミュニケーションの要件定義書）

起：「構え」／取り組みのスタンスをどうつくるか

まず前半の要件と手順から説明します。

ワークフローで言えば、最初のポイントということになります。コミュニケーションをはじめる前に、まず、問題の本質を見極めるための要件です。それは、コミュニケーションの「構え」です。

ゴルフではよく「ショットの成否は、構え（アドレス）で80%が決まる」と言われますが、私からすれば、コミュニケーションの成否はそれ以上だと言えます。「構え」が悪ければ、いくらコミュニケーションを仕掛けても、必ず徒労に終わってしまうということです。何百球、何千球ボールを打ち続けても、全部OB（Out of Bounds）です。冷静に問題の本質を見極めて、正しく「構える」必要があるというお話です。

手順1．まず「問題」を見極める

学生時代にテストの問題を半分ぐらい読んだところで「簡単！　わかった！」と答えを書き

始めて〝×〟をもらった、そんな経験がありませんか？　私はかなりおっちょこちょいだったので、「問題をじっくり読みなさい」と先生にも親にも何度も注意された憶えがあります。

〝ややこしい問題〟は解決の筋道が見えないわけですから、すぐに「答え」を求めずに、まずはじっくりと〝問題〟を見極めることです。

状況把握のために、様々な角度から問題を分析します。難病に関する問題であれ、原発事故後の放射能の問題であれ、マーケティングの案件であれ、テーマに関する事実関係を一巡して、調べます。その上で、コミュニケーションの観点から問題を洞察します。

コミュニケーション視点で世の中を捉えると、「万事は、人間関係の中で生まれる『心理』と『行動』の積み重ね」ということになります。心で感じて、頭で考えて、言葉や態度や行動にあらわれる人間の営みです。

皆さんが、いま「問題だ」と思うのは、皆さん自身の行動や皆さんを取り囲む状況を「問題がある」「困った」と心と頭で受け止めたということです。

少し具体的に説明しましょう。

あなたがあるお店、例えば、居酒屋の店主だとします。ここ数ヵ月、来客数が減っているとします。このとき、あなたの困り事は、集客減であり、その結果としての売り上げ減です。〝このままだと店が潰れるかもしれない〟と考えると店主のあなたにとっては〝大問題〟ということになります。つまり、〈店にお客さんが来なくなったこと〉を問題だと捉えたわけです。

ここで、私たちがよく陥る間違いは〝ターゲットの行動〟に目を奪われるということです。つまり、問題＝「お客さんが来ないこと」と考えて、ここに照準を合わせてコミュニケーションを仕掛けがちです。問題の全容を摑む前に、なんとかしなきゃいけないと思ったあなたは、駅前で割引クーポンを配ったり、チラシ広告を入れるなどの行動に出るわけです。

しかし、当たり前の話ですが、集客が落ちているのには、何らかの原因があるはずです。新規客が伸びていないのか、それとも常連客の来店頻度が落ちているのか、あるいは、その両方か。新規客なら、近所に競合する居酒屋が出来たのかもしれません。常連客であれば、あなたのお店のサービスや料理など、どこかに不満を抱いているのかもしれません。困った現象を引き起こしている原因と結果を、先ほどの人間の「心理」と「行動」の関係で全て整理して、はじめて問題の全容を捉えたことになります。これがコミュニケーションで問題を見極めるということです。

そういう分析を行わずに「なんとか、お客さんに来てもらいたい」という願望にだけ基づいてコミュニケーションを仕掛けたらどうなるでしょうか。冷静に考えれば、このようなコミュニケーションは、一方的に店側の都合だけで、お客さんの行動を変えようとしているに過ぎません。一見、様々な工夫を凝らして来店を呼び掛けているように見えますが、実際にやっていることは、「来てください」「買ってください」「応援してください」と、ただ「お願い」を繰り返していることになります。

では、どうすればいいのでしょうか。先ほどの「心理」と「行動」のボックスを一つひとつ明らかにしていくしかありません。ターゲットの心理（パーセプション）と行動（アクション）はもちろん、利害関係者の心理と行動を知るための調査や取材を行います。

今お話ししている居酒屋で考えてみましょう（次ページの図9）。

まず、自店、つまりあなた＝読者の方（および、あなた＝読者の方の店）の心理と行動です。

●心理

・売り上げが伸びない。

・食材や原料の値段が不安定。

・利益を確保するために、コストダウンを図りたい。

●行動

・料理の質は落とさないように努力している。

・従業員（アルバイト）の人数を減らした。

・小さなコスト削減策を積み重ねている。

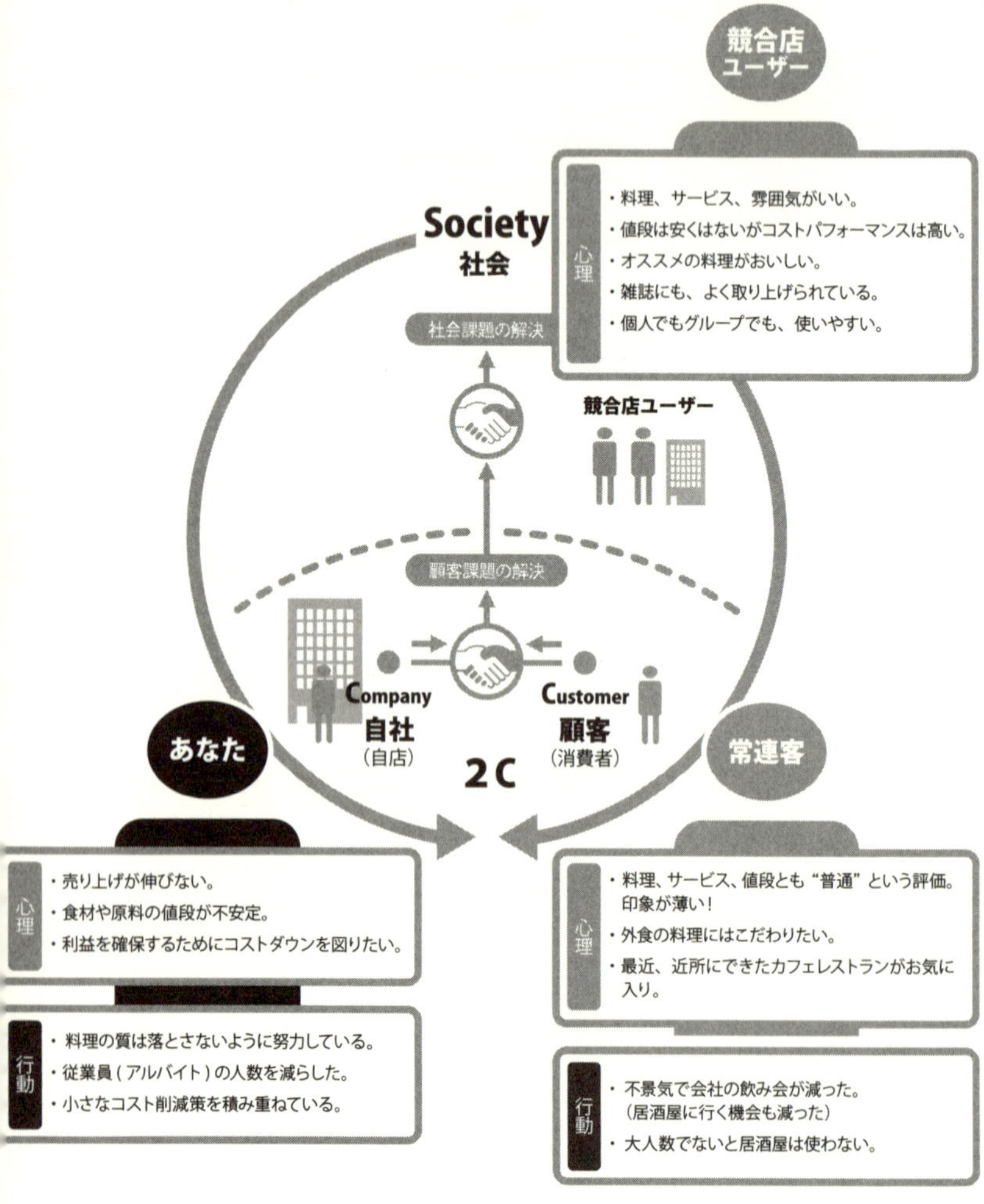
競合店
ユーザー
心理
・料理、サービス、雰囲気がいい。
・値段は安くはないがコストパフォーマンスは高い。
・オススメの料理がおいしい。
・雑誌にも、よく取り上げられている。
・個人でもグループでも、使いやすい。
Society
社会
社会課題の解決
競合店ユーザー
顧客課題の解決
Company
自社
（自店）
Customer
顧客
（消費者）
2C
あなた
常連客
心理
・売り上げが伸びない。
・食材や原料の値段が不安定。
・利益を確保するためにコストダウンを図りたい。
行動
・料理の質は落とさないように努力している。
・従業員（アルバイト）の人数を減らした。
・小さなコスト削減策を積み重ねている。
心理
・料理、サービス、値段とも“普通”という評価。印象が薄い！
・外食の料理にはこだわりたい。
・最近、近所にできたカフェレストランがお気に入り。
行動
・不景気で会社の飲み会が減った。（居酒屋に行く機会も減った）
・大人数でないと居酒屋は使わない。
（図9　居酒屋版2C+S）

では、常連客の声を見てみましょう。

●心理

・料理、サービス、値段とも〝普通〟という評価。印象が薄い！

・最近、近所にできたカフェレストランがお気に入り。

●行動

・大人数でないと、居酒屋は使わない。

・不景気で会社の飲み会が減った気がする（居酒屋に行く機会も減った）。

・ランチも夜も、少人数ならカフェレストランを使う。

では、そのカフェレストランの評判はどうでしょうか。

●心理

・料理、サービス、雰囲気がいい。

・値段は安くはないが、コストパフォーマンスは高い。

・オススメの料理がおいしい。

・雑誌にも、よく取り上げられている。

・個人でもグループでも、使いやすい。

こうして問題を冷静に分析することで、何が問題の本質なのかが見えてきます。このケースでは、景気低迷で飲みに行く回数が減っていることや、近くにカフェレストランができたことが、客数の減少に影響を与えているようです。但し、それ以上に問題なのは、あなたのお店の〝印象の薄さ〟、つまり〝どこにでもある普通の居酒屋〟と見られていることです。環境の変化でその課題が顕在化しただけであって、問題の本質は、あなたの店がお客を引き付ける明確な〝売り〟をどうつくるかということになります。このような分析なしに、「売り上げの減少を止めたい」「奪われた客足を取り戻したい」というターゲット思考、目的思考のコミュニケーションで集客策を図っても課題解決にはならないわけです。

私が店主なら、売り上げ低迷の中で、何とか利益を確保しようと新しいメニューやサービスに積極的に取り組んでこなかったことを反省します。そして、チラシ広告を打ち込む前に、まずその改善から検討をはじめるでしょう。

さて、このような問題の見極めにどう取り組むかですが、実際には調査分析ということになります。マーケティングで言えば、第1章で紹介した、「2C+S発想」に沿って、自社、ターゲット（顧客）＋社会の「心理」と「行動」のボックスを埋めていきます。非マーケティングのケースでは、対象となる〝問題〟を中心に置いて、自分（自社）を含めて、取り囲むステークホルダー（利害関係者）の「心理」と「行動」のボックスを埋めていきます。

実践上の調査分析のポイントを整理しておきます。

●まず、チームで作業に当たりましょう！

難問に一人で立ち向かうのは危険です。一人で考え込むと、堂々巡りに陥ります。チームで調査、取材に基づいた分析を行いましょう。複数の人間の視点が入ることは重要です。

●ざっくりと、大雑把に状況を把握するための情報収集をします

手間とお金を必要以上にかけないことです。いまやネットの時代ですから、オープン・データでたいていのことは手軽に調べられます。例えば、法律や税務などの専門的な情報も、ある程度はあたりがつくはずです。

●次に聞き取り調査と取材です

ターゲットへのインタビューやステークホルダーへの取材など、とにかく、当事者の生の声を聞くことを重視してください。

以上のような調査の手順を踏みながら、冷静に問題の本質を検証してみてください（なお、具体的な調査手法やデータベースの使い方等については、先にも紹介した拙著『脱広告・超PR』で詳しく言及していますので、ご興味がある方はそちらを参照ください）。

普段からインタビュー調査や聞き取り取材などを行っていない読者の皆さんは、そんな調査はプロにしかできないと思われるかもしれませんが、やってみるとそんなに難しいことではありません。ここで重要なのは、専門的な調査を実施することではなく、皆さんなりの仮説で、心理と行動の相関図を埋めてみることです。そして、その仮説を確かめるために当事者の声を聞くことです。

手順2．〝良い構え〟をつくるには……

問題の分析に基づいて、いよいよコミュニケーションの「構え」をつくります。先ほどの図9にあった「心理」と「行動」の相関図をもう一度眺めてください。

ここで皆さんに質問です。複数のボックスの中で、普段私たちがコミュニケーションのターゲットにしているのは、どのボックスでしょうか？　そうです。ターゲットの行動を変えたい。そのために、ターゲットの心理を変えたいと考えます。相手の行動と心理に照準をあわせてコミュニケーションを仕掛けています。しかも、かなりストレートに答え（＝ターゲットの行動を変えること）を求めています。

ところが、〝ややこしい問題〟では、前提となるゴール、ルール、ロールが決まっていません。解決の筋道が見えていませんから、「ターゲット思考のコミュニケーション」は必ずしも有効に機能しません。

そこで、次の質問です。これらのボックスの中で、私たちが当事者として、確実にコントロールできるのはどのボックスでしょうか？　思い通りにできるボックスという意味です。

当然、自分自身の「心理」と「行動」ですよね。但し、「心理」は他者の行動次第で揺れ動きますから、もっともコントロールできるのは自分自身の「行動」です。

〈課題解決〉の筋道が見えていない〝ややこしい問題〟を解決するためには、他人の行動ではなく、まずは、コミュニケーションの起点を自分の「行動」に置くべきだということです。しかも、問題を一つひとつ、ひも解くところからコミュニケーションを始める必要があります。問題を取り囲む関係者の「心理」と「行動」を見極めて、まずは自分の「行動」から、しっかりと「構え」をつくるべきです。

序章で紹介した梅本さんも、第2章で紹介したガリバーインターナショナルの北島さんたちも、このあと本書で登場する方々も、自分の「行動」を起点にした「構え」からコミュニケーションを始めています。「主語を相手（ターゲット）に委ねる」のではなく、「主語を自分にして考える」ということです。消費者を動かすためには、理解者を得るためには、まず、皆さん自身がどう動くのかがポイントです。

難問を解決するコミュニケーションをはじめるために、まず、自分（自社）の取り組みを様々な角度から評価した上で、〈課題解決〉に取り組む姿勢を明確にすることです。顧客は、他者は、必ずそれを評価し、反応してくれるはずです。

手順3．〝3年ゴール〟を使って「構え」を崩さない

さて、「良い構え」を追求すると、問題はより本質、根本に近づきます。議論が根本に関わる話になると、必ずいくつかの異論と反論が出てきます。

「〝そもそも論〟をいまからやっている時間がない」

「与件が変わってきている。（表面的な）問題の解決策になっていない。理解できない」

「想定した中身と違っている。上（上司）を説得できない」等々。

こういう意見も理解できます。こういう場合に、私がオススメするのが「**3年ゴール**」という構え方です。もし、あなたが対峙している問題が、自社の課題にしろ、社会の課題にしろ、難問であればあるほど、この考え方は有効です。何年でどこまで達成するのかという、年数でゴールを設定することはよくある話です。その際に私は「3年」という時間が最適ではないか

と思います。

〝悠長なことだ〟〝成果が見えない〟という異論には、そもそも1年で結果が出るようなことなら苦労はしないし、3年ぐらいかけて解決を図るぐらいの問題だからこそ、取り組む価値があると主張します。

さらに、3年先まで成果が出ないということではなく、3年先を見据えて「初年度から結果を出す」と言い切りましょう。実際、3年で大きな成果を出すためには、初年度からかなりのエネルギーで取り組み、一つひとつ途中段階でも結果を出す必要に迫られます。

そして、すべての事柄をその〝3年ゴール〟からの逆算で判断するように提案します。何から着手すべきなのか。やるべきことの優先順位も明らかにします。3年の構えをつくれば、さらに5年、10年という大きなビジョンも描くことができます（半年や1年で〝ややこしい問題〟の解決を迫られたら、それこそ〝無理難題〟というものです）。

いずれにしても、セクショナリズムや前例主義に縛られると、途端に「構え」が悪くなります。よい構えをキープするために「3年ゴール」を活用することをオススメします。

コミュニケーションの「起」、準備の最大の要件は「よい構え」をつくることです。これは第1章で問題提起した〈課題解決〉の筋道を見極めることでもあります。そのためには、心理と行動で問題を洞察して、自分の「行動」を起点にしながら、しっかりとゴールを見据えるようにしましょう。

承：「議題」／どんなメッセージを投げかけるのか

ワークフローで言えば、コミュニケーションをはじめる局面、最初の「仕掛け」です。

私もそうですが、マス・マーケティングでメディアに関する仕事をしている人は、コミュニケーション＝マス露出と思い込んでいる節があります。PRでも広告でも、不特定多数に一気に情報を届けることが仕事だと思っています。特に、エージェンシーはそういう〝露出〟がないとお金にならないので、余計にそういう習性が身についているのかもしれません。

しかし、難問解決を目指すコミュニケーションにおける、最初の仕掛けは、不特定多数ではなく、限定された特定多数（＝同じ目線の人たち）を巻き込んだ地道な〝取り組み〟からはじまります。それはセミナーや小さな会合かもしれません。社内プロジェクトの立ち上げや小規模のワークショップかもしれません。いずれにしても、この段階の目標は「露出」ではなく、仲間をつくりターゲットの反応を〝手応え〟として摑むことです。この思考錯誤の中で「**小さな参加**」を引き出すメッセージが見えてくるはずです。

手順4．アジェンダを設定して「小さな参加」を引き出す

構えが決まって、目指すべきゴールも設定できたら、次に考えるべきは、「議題（アジェンダ）の設定」です。議題設定がむずかしいのは、当事者の問題意識や想いをそのままに議題にしても、相手や周りが「自分事」にできないという点です。序章のケーススタディで紹介した「魚鱗癬」でも、この点は言及しました。患者さんやその家族の気持ちを察することはできても、自分の問題としては捉えられないのです。

同様に、企業の課題でも、事業の中身や本質に深く関わる話をそのまま提示しても、消費者の自分事にはなりえません。ですから、「構え」をしっかりと維持しつつも、ターゲットが自分の問題として捉えられるように、議題設定では、話をわかりやすく嚙み砕く必要があります。

この議題設定を考える上で、私が大事にしているのが「**小さな参加」をいかに引き出すか**ということです。例えば、マーケティングで言えば、最終目的は「購買行動（買ってもらう）」に行きつくわけです。政治的テーマなら「投票行動」になるでしょうか。しかし、問題解決型のコミュニケーションにおいて、まず考えるのは、「自分事化（＝自分に関係のある問題だと受け止めてもらうこと）」と「小さな参加（＝何らかの行動を起こしてもらうこと）」です。

つまり、**「小さな参加」を引き出すためにどんなメッセージを投げかけるのか？**と考えることが、アジェンダを考える手引きになります。

署名運動、アンケートへの協力、募金、それからフェイスブックの〝いいね！ボタン〟まで、いろんな「小さな参加」に関する手法は、アナログからデジタル・コミュニケーションまで、いろんなカタチが考えられます。どんなメッセージを投げかけて、参加を引き出すのか。そこは戦略設計者の手腕にかかっているということになります。

すでに決まった結論を一気に周知させるのではなく、コミュニケーションを通じて問題解決を図ろうとするならば、この小さな参加を引き出す議題設定が成否を分けます。

手順5．プラットフォームはどうあるべきか

コミュニケーションのつくり方において、ヒエラルキー型のマス・コミュニケーションとネットワーク型のソーシャル・コミュニケーションの違いはすでに説明した通りです。

但し、私自身は、ソーシャル・コミュニケーション＝ソーシャル・メディアだとは思っていません。リアルな生活空間も含めてのソーシャル・コミュニケーションだと考えています。ツイッターやフェイスブックやミクシィは、それを実現させる、あるいは拡張するための新しい

ツールだということです。

では、そのツールをどうやって使うのかということについて、コミュニケーションにおける〝プラットフォーム〟、つまり、人々が交流し、共同作業を進めていくための「場」「会」「座」等の重要性について考えます。

私はもともと、PRの戦術としての任意団体や第三者機関を設立したり、必要に迫られてNPOやNGOとも一緒に仕事をしたりしてきました。そして、実際にそういう仕事をいくつも実践しているうちに、コミュニケーションにおけるプラットフォームの有効性に気付きました。PRという仕事の性質上、様々な団体との複雑な折衝や交渉に関わったので、このことに気付いたのだと思います。

人と人をつないで関係性を構築する上で、参加する人々が共感できる「テーマ」と「考え方」、それを体現するための「**場**」「**会**」「**座**」が不可欠であることを理解しました。私が重視するのは、アナログでも、デジタルでも、人と人をいかにつなぐかという問題です。

「場」「会」「座」の効用

「**場**」は、まさに人が集まる、目的（大義）と場所、場面をつくるということです。イベント的に期間が限定されている場合や目的重視での集まりです。参加者間のつながりはそれほど強くない場合です。

「**会**」は、「場」よりも参加者の関与度が高く、継続的に活動を続ける場合です。単なる参加者から〝会員〟になるわけです。

「**座**」は、〝座組み〟という言葉を私はよく使いますが、個人でも法人でも、それぞれ利害の異なる者が、同じ目的の下に、違う役割で参加する場合です。プロジェクトの組み方と理解していただければと思います。仕組みや組織的な活動を行う場合には座組みが必要です。


この「場」「会」「座」は、私が普段から個人的に使うキーワードですが、日本語の中には、同じような言葉で、「政党」「徒党を組む」などの〝党〟や「隣組」「新撰組」の〝組〟などもありますが、「党」「組」が目的達成のための閉じた集団をイメージさせる（しかも、ちょっとイカツイ感じである）のに対して、「場」「会」「座」はオープンでフラットな関係（フレンドリーで緩い感じ）を意味します。日本には伝統的な「結」や「講」のシステムがあったこともすでにお話しした通りです。

つまり、【n to n】で多くの人を巻き込んで「問題解決コミュニケーション」を実現するために必要なコミュニケーション・プラットフォームの重要性は、歴史、文化の中にしっかりと根付いているのです。

突飛なことではなく、いまの時代にふさわしいソーシャル・コミュニケーションのプラットフォームをしっかりと組み上げる、そのためにデジタル・コミュニケーションも大いに活用する、ということだと思います。このコミュニケーション・プラットフォームは「統合知」の創造にも、その後のリーダーシップの問題にも深く関わります。この点は第1章で問題提起した「コンセンサスのつくり方」や「メディアのあり方」にも大いに関わる要件です。

「統合知」のつくり方

私は、〝ややこしい問題〟解決コミュニケーションの第一の要件は？　と問われれば、迷わず「人知を集めることだ」と答えます。難局の突破口を拓くのは人知からなる「統合知」です。私自身が仕事の中で、もっとも心を砕くのは、どうやって人の知恵を編纂するのかということです。単なる情報でも知識でもなく、極めて属人的な「知恵」だと思っています。私が「人」を強調するのは、その人物の生き方や哲学を含めた〝英知〟だというニュアンスを皆さんに伝えたいからです。そして、それをまとめるのは、机上、紙上、ネット上ではなく、リアルに関係性をつくっていくことであり、生きた人間と人間の編集作業です。

これまで、様々な仕事をしていて、理念に基づき、意志をもって生きてきた人物の「英知」に触れて心が震える経験を何度もしてきました。ややこしい問題で立ち往生しているときに、光明を得るのは、いつも人の知恵からでした。

個人だけでなく、企業やブランドの根底にある考え方や取り組む姿勢に出会ったときにも、同じように課題解決の示唆を受けることがあります。

ですから、コミュニケーションの設計から実践までのあらゆる局面で、人との出会いに積極的であるべきだと思います。もちろん、闇雲《やみくも》に会えばいいとは思いませんが、そもそも「人知を編集しているのだ」という意識を持つことは大切です。

実践において、私はいつも〝誰に会うべきか〟〝誰を巻き込むべきか（あるいは、巻き込まれるべきか）〟という視点で活動を組み立てます。

とは言え、「統合知」と一言で括っても、実は、間口も広くて、カタチも様々です。「人知」をどうやって編集、統合していくのか。まさに、ここが「〝ややこしい問題〟を解決するコミュニケーション」の最大の要件ですから、事例も活用しながら、私が考える統合知の編集方針を提示したいと思います。

方針1．核となるのは人や企業の理念である

まず、「統合知」の核となるのは、**人の、企業の理念**です。個人でも企業でも団体でも、その存在論に関わる根本的な考えです。これが「統合知」の核をなし、コミュニケーションの「構え」をつくります。逆に、確固たる理念、想いがなければ、高い解決力をもった知恵には昇華しないと私は考えます。序章で紹介したお話を例に考えてみましょう。

【魚鱗癬の患者会代表の梅本千鶴さんのケース】

認定NPO法人「難病のこども支援全国ネットワーク」の専務理事で事務局長をされている小林信秋さんから「ほんとうに貴重なアドバイスをいただいた」と梅本さんは振り返ります。

「**あせったら絶対に失敗する。自分のできる範囲で一歩ずつ進んでいけばいい**」

という助言で、患者会を立ち上げるときに、肩の力が抜けて、とても楽になったそうです。

同じく、北九州市教育委員会指導部主幹であった中川伸也さん。この中川さんの言葉で梅本さんが心に留めているアドバイスがあります。

「**理解者はいずれ協力者になってくれる**」

いずれも、当事者である梅本さんの「構え」に関わる知恵だと思います。こういう人知に刺激を受けながら、つくられてきた梅本さんの揺るぎない生き方が核となって、様々な知見が集まってくるのだと思います。

遼君の主治医である久留米大学医学部の橋本隆先生は、患者会の立ち上げも含めて、いつも専門医としての知識とアドバイスを提供しています。僭越ながら、私たちやテレビ番組制作者との出会いで、梅本さんは、ＰＲやテレビ番組についての知識を獲得したと言えるでしょう。梅本さんご本人は、いつも問題解決に向かって、ただ率直に理解と協力を訴えてきただけだとおっしゃいます。しかし、結果的に、梅本さんの活動は、人の知恵を集めながら、難問解決を実現していくプロセスそのものです。

【ワコールの人間科学研究所の場合】

個人ではなく、法人企業でも理念に基づく知の統合が行われています。私の専門分野である企業のマーケティングにおける「統合知」についてもお話しします。

２０１０年から、私たちがお手伝いしている下着メーカーの株式会社ワコール（以下、ワコール社）のケースです。ワコール社には、「ワコール人間科学研究所」という商品開発やＢＡ（ビューティーアドバイザー）と呼ばれる販売員のコンサルティングを支える研究機関があります。日本人女性の体型にぴったり合う下着（ブラジャー）を開発するために、45年以上にわたり、10代後半から60代までの日本人女性を毎年約1000人を計測し、延べ4万人以上の体型・サイズのデータを蓄積しています。この膨大な研究データから見出された知識が「サイズ、カタチ、柔らかさ」のバリエーション豊かな商品にいかされ、店頭でのBAの採寸、ジャストフィットの下着選びにつながっています。ここにワコール社の最大の強みがあるわけです。業界を問わずトップ企業の研究開発には、このような高度な取り組みが見られることがあります。私がいつも感動するのは、何十年にもわたって、何人もの担当者が受け継いできた地道なデータや情報の集積が、企業理念と相まって「統合知」として大きな力になるということです。それは、商品やサービスを支え、ブランド・コミュニケーションの起点になります。このワコール社のケースでも、膨大なデータを起点としたマーケティングが大きな成果をもたらします。

知識経営（ナレッジマネジメント）の提唱者である野中郁次郎氏は、自身が考案した知識創造のプロセス、SECI（セキ）プロセスを解説する中で、企業経営における知識について次のように述べています。

「SECIは単純な機械的なプロセスではありません。知識創造という点で一番重要なことは、SECIの背後にある大きな目的意識、存在論だと言えます。何のために存在するのか、いかにあるべきか、他社とは何が違うんだ、どんな理想状態をめざすのか。こういうところまでつながる存在論がないと知識の根本が崩れていってしまいます。これは究極的には自己を超えた世界の〝知〟の追求です。その意味で知識とは、『真・善・美』を追求するものであります」（『知識経営のすすめ』野中郁次郎、紺野登・著／ちくま新書）

野中氏の理知的な知識経営論の根本にも哲学や志があるということです。野中氏の知識創造のプロセスは大いに参考になりますが、それ以上に、私が感銘を受けるのは「知識創造」の根本を企業、人の営みそのものとして捉えている点です。

方針2．欠くことのできないターゲットの視点

欠くことができないのがコミュニケーションの対象となるターゲット（当事者）の意見を取り入れるということです。マーケティングであれば消費者ですし、政治的なテーマであれば、有権者です。社会的テーマであれば市民でしょう。

【ガリバー×タッグプロジェクトの場合】

このプロジェクトの最大の特徴は、専門家やプロフェッショナルの意見というよりも、実際

に被災地にいるＮＰＯやＮＧＯのスタッフや、一般から広く意見やアイデアを求めた点にあります。

ガリバーインターナショナルの北島さんの**「そこに〝答え〟はないけれど〝期待〟はある」**という指摘も重要なポイントです。これは、立場（立ち位置）の違う人から寄せられる意見の違いに価値があるということです。「ガリバー×タッグプロジェクト」で言えば、現場で活動する支援団体のスタッフの生の声は、東京の専門家の意見よりも参考になるということです。また消費者目線の意見は、やはり、消費者から聞くしかないということです。広く、立場の違う人の意見やアイデアが集積することも「統合知」にとっては有効かつ重要です。

私自身も述べてきたように、ソーシャル・メディアの発展で、気軽にテーマ設定をして、様々なコミュニケーション・プラットフォームをつくることが可能になりました。設定するテーマ次第では、すごく盛り上がったり、逆に盛り上がらなかったりするでしょう。こういう「交流」が横方向の統合という点では、大いに意味があります。

方針3. 縦横、様々な専門知を統合する

個人でも企業でも核となる理念のもとに、様々な他者の知見や意見を集積することで、「統合知」は編集されます。その方向性として、縦（専門家）と横（ターゲットを取り巻く世の中の視点）の組み合わせが基本です。

●〝縦の統合〟専門知による裏付け

医学、法学、経済学などの学識、科学的知見など、その道の専門家だからわかる知見があります。企業内で言えば、研究開発部門の専門性の高い知識です。学識とは異なりますが、長年の経験で蓄積された接客ノウハウやモノづくりの知見なども、専門知として〝縦の統合〟に含めます。この専門知が加わることでコミュニケーションの信頼性が高まります。

●〝横の統合〟立場の違い、視点の違いを取り入れる知恵

ターゲット（当事者）を取り囲む、様々なステークホルダーの視点を加味します。例えば、事業性と市場性という意味では、目利きとしてのバイヤーの知見を、公共性と批評性という意味では、冷静なジャーナリストの知見を加味していきます。

企業活動で言えば、マーケティング部門を中心に、営業（⇧流通）、広報や宣伝（⇧メディア）、

販売部門やお客様相談室（⇑顧客）などの連携で社内外の視点を加味します。〝横の統合〟は立場が異なる様々な知見（意見）を取り入れることで、コミュニケーションの受容性を広げます。

方針4．最後は人間と人間の関係づくり

ソーシャル・メディアを使ってターゲット視点を取り入れること、あるいは広く一般の意見やアイデアを募集する有効性に触れました。但しはっきりさせておきたいのは、広く一般からのアイデアだけでは、難問解決につながるような知識の集積に至らないということです。**「統合知」には核となる理念が必要です。専門家や各方面のプロの知見が必要です。一過性ではなく継続することが重要です。「統合知」は生きた人間と人間の関係づくり、理念と知恵の編集作業なのです。**

そうでなければ、企業や社会の抱える難局を切り拓く突破口にはならないと私は考えます。

ここまで説明してきたコミュニケーション・フローの前半の「構え」から「小さな参加」は、この「統合知」をつくるための手順でもあります。後半は、この「統合知」を核としてコミュニケーションを展開することになります。

転：「波及」／ブレイクスルーの瞬間をどうつくるか

再び、ワークフローの起承転結、に戻ります。残りは「転」「結」です。

目線が同じ人たちの集まりを積み重ねていくことが、初動のコミュニケーションの目的だと先に申し上げました。敢えて言えば、マスではない規模、私の手応え（経験）では、数百〜数万人（1万〜2万人）の単位です。このあたりが境界線なのではないでしょうか。そこで「確信」がもてれば、「取り組みは間違っていない！　イケるぞ！」となり、一気にブレイクスルーを目指します。それはマスに訴えるということです。

ここまで見てきたケーススタディでも明らかなように、ある段階で「マス・メディア」に取り上げられることで大きく賛同の輪が広がります。

手順6．賛同の輪を広げるマスへの波及

コミュニケーションの設計から言えば、ネットワーク型のフラットなコミュニケーションで基盤をつくって、準備が整ったタイミングでヒエラルキー型のマス・コミュニケーションの枠

組みにのっけるわけです。そこで、一気に賛同の輪を広げることができます。「特定多数（＝みんなの問題）」が「不特定多数（＝世の中の話題）」になる瞬間です。またそれまでの参加者、協力者への成果のフィードバック、「私たちの取り組みは間違っていない」「評価され、注目されている」という意味でも、マスでの取り上げには大きな効用があります。

具体的にはマス広告やマスＰＲ、それ以外も含め世の中に訴えかける方法を検討します。マスＰＲについては前述の拙著はじめ、様々なＰＲの指南書がありますので、ここでは難問解決の視点でポイントを絞って言及します。

まず、前工程の「統合知」の編集時点で、ジャーナリストの視点を加味することに触れました。もし、マスへの波及を考えるなら、できるだけ早い段階から、記者や編集者の意見を取り入れるべきです。それが何よりも有効な手順です。そのほか、ＰＲには〝コツ〟〝作法〟はありますが、難問解決の大義が明瞭であれば、特にプロでなくてもＰＲは仕掛けられます。常識的なビジネス・マナーを守って、メディアに働きかければ、記者、編集者、制作者は、きちんと耳を傾けてくれます。但し、実際に記事や番組になるかどうか、そこは一筋縄ではいかないかもしれません。１年、２年がかりで大きな成果を出すイメージでじっくり取り組んでください。たとえすぐに取り上げてもらえなくても、ジャーナリストの意見を聞くことに大いに意味はあるはずです。

私はどんな場合にも、必ずマスを使った拡張が必要だと言うつもりはありません。むしろ、そういう瞬間がなくてもコミュニケーションが継続しているケースはあります。但し、一定量の人間を動かして、大きな規模で難問の解決を図るときには、いまの日本においては、マス・メディアを活用することは不可欠だと思います。マスコミに取り上げられた時の反響、特にテレビの影響力の大きさは、良くも悪くもこれまでもお伝えしてきた通りです。

魚鱗癬でも、「ガリバー×タッグプロジェクト」でもご紹介してきた通り、この段階を経てコミュニケーションが加速し、解決力が高まります。不特定多数の人々を巻き込む波及効果が、難問を解決する突破口につながります。

一方で、マスの反響は一過性のものであることも十分に理解しておく必要があります。一時は、賛同者や参加者の人数がケタ違いに増えるかもしれませんが、やはり核となるコミュニケーションの基盤はしっかりと固めておく必要があります。

結：「収める」／自律、自走のための体制、組織づくり

コミュニケーションを〝コミュニケーションとして〟切り出して展開している限り、真の「難問解決」にはなりません。コミュニケーションを突破口に使いながら、その成果を事業や

組織に組み込むことが重要です。企業でいえば事業と一体化すること、人でいえば生活の中に溶け込むことで、コミュニケーションは「自律」「自走」することができます。

手順7．「組織化する」

最後の手順です。少なくとも3年、5年というスパンでコミュニケーションを継続させるためには、コミュニケーションを単発のキャンペーンというレベルではなく、事業の中で組織化する必要があります。

企業活動であれば、プロジェクトとしてやってきたコミュニケーション活動が事業と一体化してくるということです。ブレイクスルーの時を経て、その成果をどこに収めて継続していくのか。それには「継続」「発展」を目指しつつも、労力やコストとのバランスを考え、一旦コミュニケーションを「収める」ことが大切です。

成果と課題を検証することは当然として、日常の事業の中に組み込むべきもの、逆に削るべきものを選別し、次期の計画へ反映させます。

任意団体やプロジェクトチームの場合は、経済的、社会的にポジショニングを検討します。継続のためのビジネスとしての基盤を固めます。組織・法人化の問題、スポンサー（企業協賛）

の獲得やサービス、商品開発販売などの問題、収益性やファンドの確保など、事業としての目標をしっかりと見据えます。

本書の冒頭でご紹介した魚鱗癖では、次期の活動では、疾患横断型の活動を事業としてどう継続させるのかが課題になっています。「ガリバー×タッグプロジェクト」では、継続させる部分と、通常の事業に組み込む部分の峻別が進みつつあります。

「コミュニケーション・リーダーシップ」のつくり方

実際に現場で「統合的なコミュニケーション」を設計し、実行する上で、もう一つの大きな要件が「コミュニケーション・リーダーシップ」の問題です。情報戦略の核が「統合知」だとすれば、それに基づいて展開されるコミュニケーションの運用の核が「コミュニケーション・リーダーシップ」です。

例えば、企業のマーケティング案件で、私がプロジェクトに関わる場合には、できるだけ、企業トップ（意思決定者）の近くで仕事を進められるように働きかけます。クライアントのトップに認められれば、自分の仕事がスムーズに運ぶというメリットもありますが、それ以上に、プロジェクトそのものが会社のトップの意思の下で運営されるメリットが大きいからです。

利害の異なる複数の人や会社が関わり、様々な施策を組み合わせる「統合型のコミュニケーション」を推進していく上では、誰がどのようにコミュニケーションを〝主導〟するのかが非常に重要です。これを指して、私は「コミュニケーション・リーダーシップ」と呼びます。「難問解決コミュニケーション」に関わるリーダーシップは、大きく3つに分解して考えることができるのではないかと考えます。一つは、人の問題。誰が仕切るのか、誰が責任をとるのかという、いわゆる〝リーダーシップ〟です。次に、テーマ、課題のもつ求心力です。属人的なリーダーシップではなく、プロジェクトの大義、目的がもたらすものです。最後に、メディアです。メディアが社会的なコンセンサス構築において、リーダーシップ（指導性）やイニシアチブ（主導性）を発揮できるか、という問題です。

ヒエラルキー・トップとプロジェクト・リーダー

まず、最初に属人的リーダーシップの問題から見て行きます。ここまでご説明してきた通り、現代社会では、政治的解決、経済的解決が問題解決の2本柱です。故に、コミュニケーション・リーダーシップについても、この2つの力学に収斂《しゅうれん》されることになります。つまり、日本で言えば、政治的トップである内閣総理大臣、あるいは各自治体の首長による主導か、企業の経営者による主導に行き着くということです。

ところが、実際のところ、政治でも企業でもトップは、重要な問題をいくつも抱えて、その収拾や対応に追われています。またトップは最終決裁者になっていても、一つひとつのプロジェクトの詳細を把握して、現場でリーダーシップを発揮する体制にはなっていません。そのために、部下、組織が存在します。

問題は部下や組織が**上意下達の意思疎通**に慣れ親しんできたということです。いわゆる「縦割り」です。平時であればそれでもいいのですが、ややこしい問題の場合には、機能不全に陥りがちです。ここまでお話ししてきた通り、ネットワークを駆使して、立場と利害の異なる知恵、意見を集めるフラットな関係づくりに着手する必要がありますが、「縦割り」には不向きな作業です。

そこで、トップは最終決裁者としての責任を負いながら、縦横無尽にネットワーク型のコミュニケーションを主導できる人物を見極めて、権限を与えることです。それが難問解決のプロジェクト・リーダーを選定するということです。

権限を与えられたネットワークを束ねるプロジェクト・リーダーは、難問解決に臨むタスクフォース（特別な部隊）を組み、メンバーを割り当てます。

このヒエラルキー・トップとプロジェクト・リーダーの連携が、いま考えられる理想的な「コミュニケーション・リーダーシップ」のつくり方ではないかと思います。もちろん、何でもかんでも、タスクフォースを組む必要はありません。しかし、企業や社会にとって、重要で高度な難問解決に立ち向かう場合には、このような自覚的な「コミュニケーション・リーダーシップ」が求められます。

テーマがもたらすリーダーシップ

次にテーマ、大義がもたらすリーダーシップについて考えます。２０１１年8月11日に、東北の太平洋岸の各地で一斉に花火を打ち上げるプロジェクト「LIGHT UP NIPPON」が開催されました。このプロジェクトは、東京在住の20～30代の有志（ホームページに名前があった呼びかけ人は34名）が集まり、東日本大震災後、次々と花火大会の自粛が決定する中で、被災地、そして日本全体を元気にするために、追悼と復興のために、今年だからこそ花火をあげようと決意したことから誕生したものだそうです。メディアにも数多く取り上げられましたので、皆さんの中にもこのイベントをご存知の方も、現場で花火を楽しんだ方もいらっしゃるかもしれません。翌日の報道によれば、「LIGHT UP NIPPON」では、全部で６２００万円を超える寄付金が集まり、岩手、宮城、福島の3県10会場で盛大な花火大会が実施されました。

当日のツイッター上でのつぶやきから、いろいろな人が様々な想いで、この日の夜空を見上げた様子がうかがえました。このイベントを企画した34名の呼びかけ人たちは、特に、誰かに任命されたわけではありません。もちろんイベントを発注されたわけでもありません。主催者の方々はたいへん苦労されたと思いますが、それでも、これだけのイベントが有志によって成立した最大の理由は、このイベントの「大義」にあるのではないでしょうか。

その他、乳癌検診を啓発する「ピンクリボン運動」や交通遺児、震災遺児の奨学金を支える「あしなが育英会」などの社会貢献運動の中にも、活動の目的、「大義」がもたらす〝リーダーシップ〟を見ることができます。

一方、企業活動においても同じことが言えます。その企業の根本理念に関わるテーマであれば、社内が一致結束して、協力できるというケースは少なくありません。事例でご紹介したガリバーインターナショナルもそうでしたが、創業の精神や企業の行動原理に近い内容であれば人心が集まるわけです。

社会的大義にしろ、企業理念にしろ、プロジェクト・テーマがリーダーシップを発揮できるものであるかどうかを見極める必要があります。

メディアのリーダーシップ

最後に、メディアが有するリーダーシップの問題です。マス・メディアが世の中のコミュニケーションにおいてリーダーシップ（主導性）を発揮するという話は、実体験を含めて、読者の皆さんも腑に落ちる話だと思います。

例えば、メディアの主導性を私たちが実感する事例として選挙報道があります。選挙のコミュニケーションでは、争点設定（アジェンダ・セッティング）が勝敗を分けると言われます。ここ数年の選挙報道を振り返ると「小泉郵政選挙」「民主党のマニフェスト選挙」など、政党が設定したアジェンダをメディアが支援するカタチで選挙戦の構図が決まっていきます。メディア側にその意図があったかどうかは別として、結果的に、そうなっているということです。

ここに興味深いデータがあります。グラフ（次ページの図10）は２００９年の衆議院選挙に際して、学習院大学の遠藤薫先生を中心に私たちが実施した選挙とメディアの関係についての調査結果です。

この調査は衆議院選挙に際して、情報源としての各メディアの評価（「重要度」と「信頼度」）をたずねた結果です。年代別でメディア評価として表にしました。この時、私たちが注目し

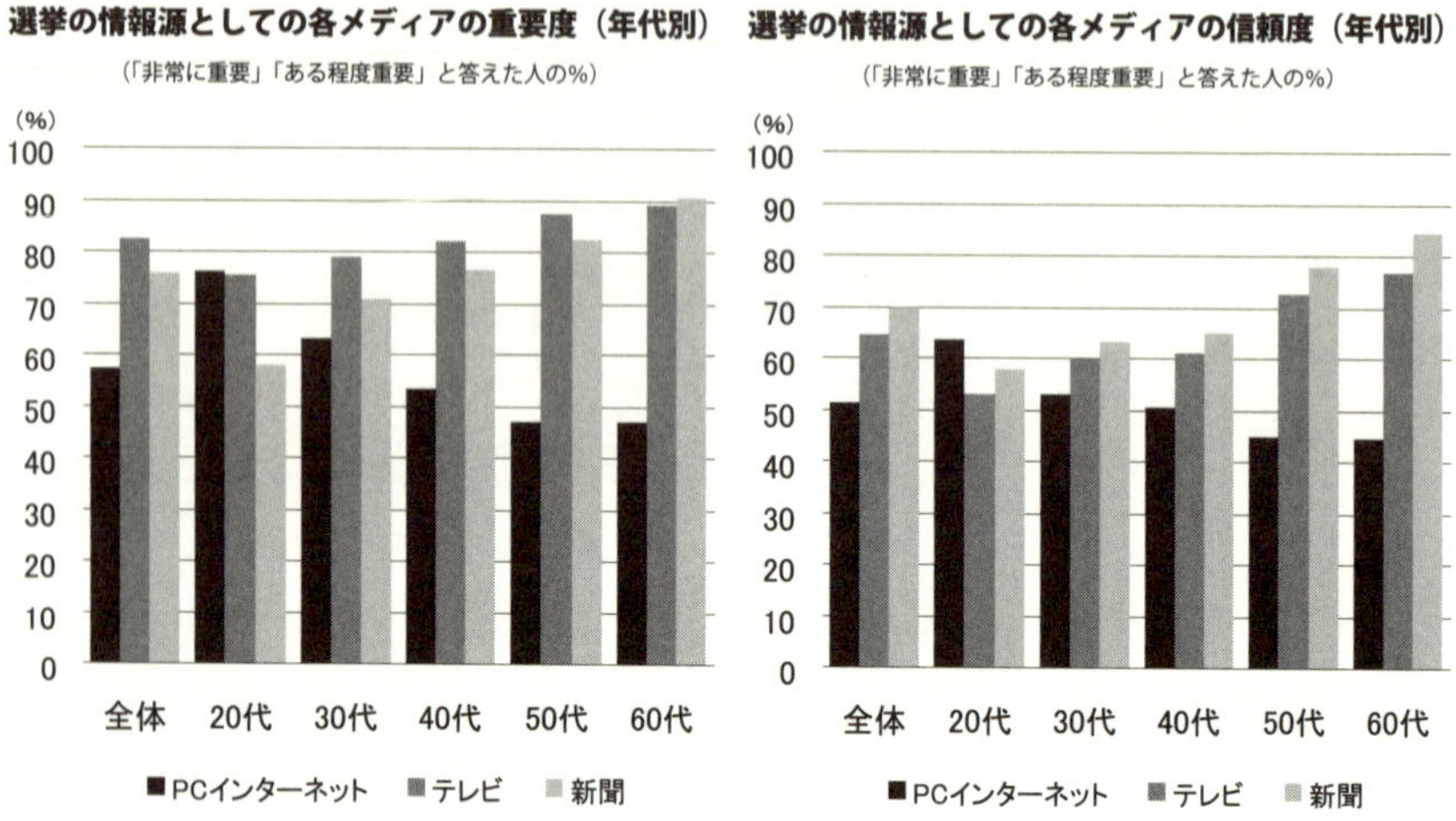

（図10　選挙の情報源としての各メディアの信頼度・重要度）　出典:『間メディア調査2009』

たのは、インターネットを介した情報が「重要」とした人が全体でも60％近くいて、「信頼度」でも50％を超えている点と、何よりも、20代では「重要度」でも「信頼度」でも、ネットがテレビ、新聞を抑えて1位であるという点です（ここでのネット・メディアとは、ヤフーの「みんなの政治」のような専門ニュースサイトやジャーナリストのブログなどです）。

　現代の日本の若者たちと新聞やテレビの距離感がよくあらわれています。選挙に限らず、今後、様々な社会テーマで、世の中の「議題設定」がどんな場面で、どんなメディアを介して行われるのかが問われてきます。選挙の争点設定を例にすれば、これまで新聞、テレビが担ってきたものを、今後は、どのメディアが担うのかということです。これは単にメディア側の意志で決まるものではなく、有権者側がその機能をどこの誰に求めるかという問題でもあります。

この調査を見て「まだまだテレビ、新聞の影響が大きい」と見ることもできますが、一方で「今後は、ネット・メディアが世の中の議題設定にイニシアチブを発揮するのではないか」という意見もあるでしょう。

「輿論」「世論」とメディアの関係

メディアの有する「コミュニケーション・リーダーシップ」については、本書で問題提起してきた〝ややこしい問題〟と各メディアの立場や役割の話と密接に関わります。日本のメディアの指導性を考える意味で「世論」と「メディア」の関係に言及しておきたいと思います。

少なくとも終戦直後まで、日本では「輿論《よろん》」という表記が使われていました。「輿論」を公論として扱い、対して「世論《せろん》」は根拠のない空気として、そういう大衆の気分に惑わされてはいけないと言われてきました。ですから戦前まで新聞社は、自らを公器と位置付け〝国民輿論を指導する〟という立場を表明していました。

ところが戦後、新聞メディアは自らの戦争責任を追及する一方で、表記を「輿」から「世」

に置き換えてしまいました。結果、「輿論」が「世論」と混同され、メディアが「輿論」を指導するという考え方も後ずさりしていきます。日本のメディアは、戦後66年を経過した現在でも〝国民を指導する〟ということに非常に慎重、あるいは臆病になっているのかもしれません。そういう習性を身につけてしまっているのではないでしょうか。

しかしその結果、日本に公論をつくる社会的機能が備わっていないとすれば、日本人の空気支配を助長しているとすれば、これ以上の皮肉はありません。

過去の失敗を踏まえて新しいメディア環境に対峙する中で、各メディア企業が公論をつくるための指導性、主導性を発揮することを望みます。同時に、難問解決に取り組むプロジェクト・リーダーたちがメディアと連携してリーダーシップを発揮することを期待します。

以上が、〝ややこしい問題〟を解決するコミュニケーションの設計と実行管理の要件です。一連の〝コミュニケーションのつくり方〟は次ページからの「ワークフロー（図11～13）」に、難問解決のプロジェクト・リーダーの視点でまとめておきます。この図を参考にしていただければ、「統合知」を中心にしたコミュニケーションをいつでも思い出していただけると思います。

1　課題発見

心理と行動のボックスを埋めながら、＜課題解決＞の筋道を見つけます。
“２つの握手”を実現するために、自社（自分）の行動を変えていきます。

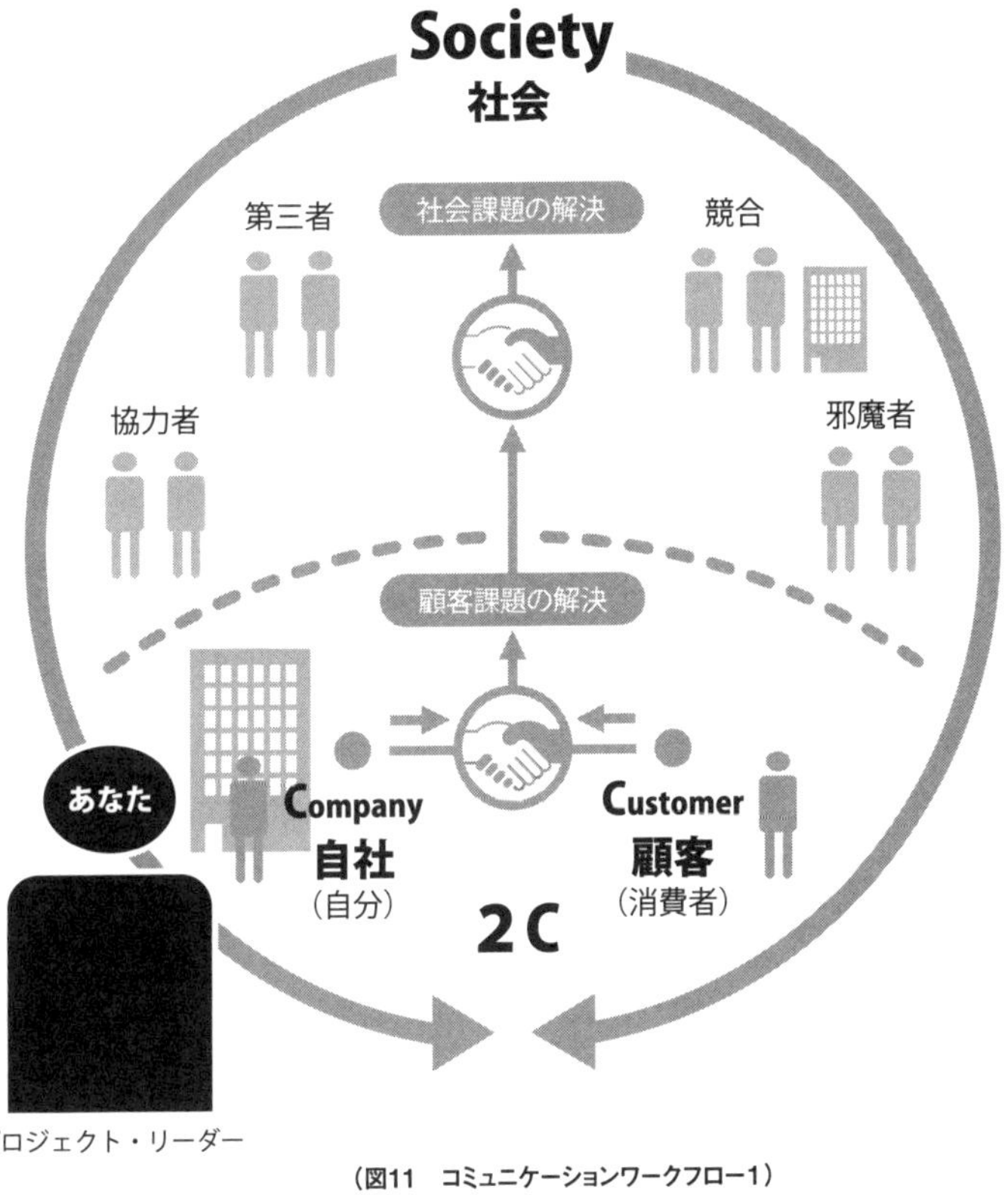

（図11　コミュニケーションワークフロー1）

❷ 知識創造、「統合知」の編集

トップから責任と権限を与えられたプロジェクト・リーダーを中心に、理念と知恵の編集作業を行います。“プラットフォーム”を設定し、企業であれば社内外の、地域社会であれば様々な関与者の英知を集積させます。

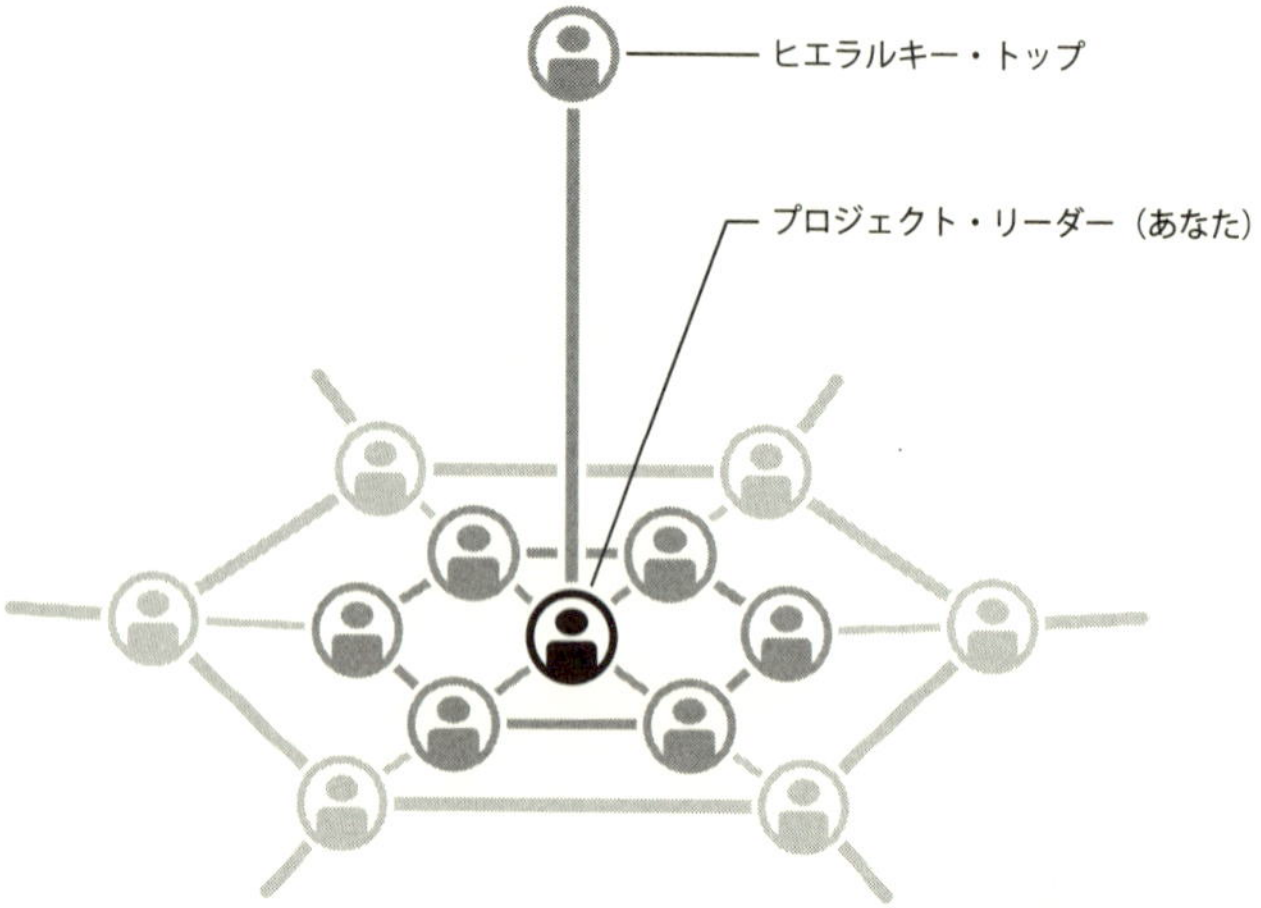

（図12　コミュニケーションワークフロー2）

❸ 統合型コミュニケーションの実践

ここでは、ネットワーク型コミュニケーションとヒエラルキー型コミュニケーションの組み合わせを想定しています。フラットな人間関係、ソーシャル・コミュニケーションの広がりを、縦型のマス・コミュニケーションで世の中へ波及させます。

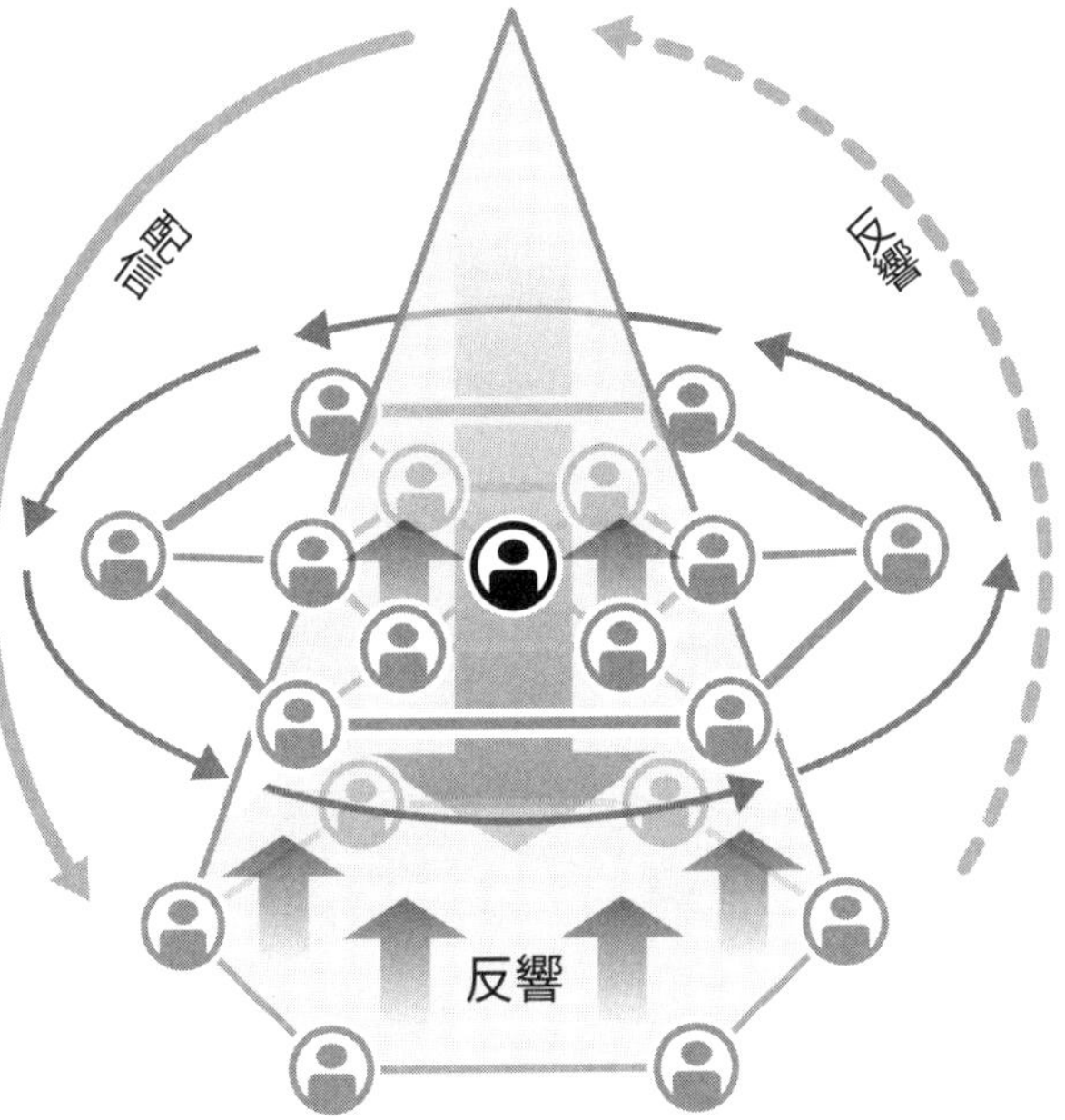

（図13　コミュニケーションワークフロー3）

第4章

「統合知」の実践／奮闘編

福島県の農林水産物の風評被害については、
その課題解決の筋道が未だに不明瞭です。
時間が解決してくれるのを待つしかないという意見もありますが、
私は、ただ〝風化〟にまかせるのではなく、空騒ぎだと言われようとも、
この〝ややこしい問題〟にどう取り組んだのかを
社会に刻むことが大切だと思っています。
私が感じたこと、考えたことを記しておきたいと思います。

福島で考えた「統合知」のつくり方

福島について、最初に広告代理店の担当者から一報をいただいたのは、2011年の6月の中頃でした。過去に何度か仕事をご一緒した方から私の携帯に連絡が入りました。その内容は、福島県の「農林水産物の風評被害対策プロジェクト」にPRアドバイザーとして参加、協力してもらいたいというものでした。少しでも福島県の復興の役に立てればと思って、プランの作成からチームに参加しましたが、県への提案も無事終了し、いざ、仕事に取りかかる段になって、私は怯みました。

企画提案しているのだから〝実施する〟のは当たり前の話ですが、いざ、福島の農産物をPRするとなると、「いま、福島県産の野菜や果物のPRが成立するだろうか」という不安が頭の中にたちこめてきました。もっと正直に言えば、イベントを制作して福島の農産物を一方的にアピールすることはできたとしても、首都圏の消費者が冷ややかに反応することが予想されました。もちろん、私は「安心」「安全」を声高にアピールするような単純なPRは考えていませんでしたし、勝算のある企画を考えていました。が、しかし、想像以上に、当時（6月下旬）の「福島県産」を取り巻く環境は厳しかったのです。〝売れない〟という結果以上に、世論からの反発と冷遇を想像して、私は怯みました。

とにかく現地に行こう！　福島の人の話を直接、聞かなきゃはじまらないと、臆病になった自分を奮い立たせるために、私はまる一日時間をつくって、福島県に向かいました。正式に仕事に着任する前の段階なので、通りすがりの〝いち来訪者〟として市役所や地元の観光果樹園で話を聞きました。

ある市役所で農林水産課の若手の職員の方が現状について親切に説明をしてくれました。「間もなく桃の出荷がはじまります。福島県は桃では全国第2位の出荷量を誇り、7月末から8月がその最盛期です。桃の放射性物質汚染の検査はこれからですが、恐らく検査の結果は暫定規制値を大きく下回るだろうと予想しています。けれど、やっぱり『安全です。安心して食べてください』とは言えないですよ」と、訥々《とつとつ》と話をしてくれました。この時もそうでしたが、福島の農業関係者の人たちとお話をしたときに、被害者としての怒りや憤りをストレートに表す人に出会ったことがありません。皆さん、冷静に現状を受け止めつつ、どうすればいいのだろうと困惑しつつ、じっと堪えている印象です。ただ一様に農家の方々が言葉にするのは、自分たちが作った農作物に自信と確信を持てないことへのやりきれない想いでした。

飯舘《いいたて》村から海岸沿いの浜通りへレンタカーを走らせながら、私が自問自答し続けたのは「自分は今年、福島の桃を食べるだろうか。家族、子供に食べさせるだろうか」という単純だけれど、答えに窮する疑問でした。

一方で、スタッフと一緒に福島県産を取り巻くコミュニケーション環境について情報を漁りました。果たしてこの状況は「風評」と言えるのか。リスクを客観視できる指標はないだろうか。暫定規制値をどう説明できるだろうか。自分が拠って立つ根拠を必死で探したわけです。

ちなみに、これまで様々な案件で医学情報や科学情報を取り扱ってきましたが、今回の放射能問題に関する情報はとても難解でした。嚙み砕かれていないデータがあちこちに散らばっている状況で、解説や説明が少なく、情報も精査されていないので、超文系人間である私には難解でした。専門家や科学ジャーナリストの意見も聞きましたが、私が望んでいたような「答え」、つまり福島の農産物をPRできる根拠は見つかりませんでした。

この時点での私の結論は、放射線の数値の評価や暫定規制値について様々な意見はあるが、そこに「リスク」があることは否定できない。そして、そのリスクを受け入れるのか、拒絶するのかは、一人一人の消費者の判断に委ねるしかないというものでした（今、思えばお恥ずかしい限りです。そんなことで悶々としていること自体、時間の無駄であったと思います）。

情報を収集する中で原発反対運動の支柱的存在である京都大学原子炉実験所助教、小出裕章氏の記事や講演録を見る機会がありました。小出氏は講演の中で「福島県の野菜や魚を汚れていると言って破棄することについて私は反対です」「福島県の問題を、国民の皆さん一人一人に考えていただきたい」と繰り返していました。私も、同じ想いでした。

東京電力や政府への不信ムード一色の中で、放射性物質で汚染された野菜や果物をどう取り扱うべきなのか。少しでも汚染された農作物は全てを破棄して、政府と東京電力が補償すればいいのだろうか。東京の食品売り場で、福島県産の農作物を避けることはできるだろう。しかし、それでいいのだろうか。

これまで電気を思いっきり使ってきた私たち日本人にとって、今回の原発事故は、たまたま福島で起こっただけであって、原発のある地域であれば、どこの街でも、誰の故郷でも起こり得たと私は考えました。

一方で、福島の農家にとって問題は、今年の野菜、果物や米の売れ行きだけではなく、来年以降、5年後10年後、さらに将来が見通せなくなったことにあります。10年、20年、父や祖父の代から数えると50年以上も手塩にかけて育ててきた「土」や「木」を護ることができるのかを心配しているのです。何年待てば「土」や「木」は再生するのか。それともこの地での農業を諦めるしかないのか。そういう問題に直面している人たちがいることを、私たち一人一人が自分の問題として考える必要があるのではないかと思いました。こういうことは、福島に行かないと感じられないことです。

ネット上には「一生、福島なんかに行くことないから関係ない」といった意見も数多くあるわけです。私も関わっていなければ、〝自分事〟にはなっていなかったでしょう。

福島の仕事に取り組むにあたっての私個人の「構え」は、首都圏の消費者に「知ってもらう」「考えてもらう」きっかけをつくることだと心に決めました。こうして〝怯み〟が消えて腹を据えて仕事を始めることができるようになりました。但し、そんなちんけな決心を他所《よそ》に、福島の人たちは、毎日、当たり前ではない日常を当たり前のように送っていることに、私はまだ気付いていませんでした。

首都圏の消費者向けの広報プロジェクト始動

私がＰＲアドバイザーとして関わった福島県のプロジェクトには、現在も多くの人が関わって奮闘している真っ最中です。行政もＮＰＯも企業も個人も、それぞれの立場で努力を重ねているところです。福島県をはじめ、これまでの政府や自治体の活動について様々な意見、批判があることは十分に承知していますが、プロジェクトの内情について私がここで云々することはありません。あくまでも本書の趣旨に沿って、公知になっている情報を中心に〝ややこしい問題〟の解決の実践面で抽出すべきポイントをご紹介したいと思います。

残念ながら、この本の執筆中にも、福島県産の米から規制値を上回るセシウムが検出されたというニュースが一度ならず飛び込んできました。やはり、徹底した全品、全量検査を行わない限り、消費者の信用回復は望めないのではないかと思います。それが容易ではないことはわかりますが、あらゆるコミュニケーション施策の大前提として、徹底した「除染」と「検査」、そして「情報公開」への取り組みが求められていることは言うまでもありません。

振り返って、今回の放射能の問題に決定的な打撃を与えたのは牛肉の問題でした。私たちは7月から地元農家へのヒアリングや専門家への取材など広報活動の準備を進めていましたが、その途上で福島県産の牛肉から規制値を上回るセシウムが検出されるという事態が発生しました。しかも、その牛肉の一部は既に市場に出まわっていることが明らかになりました。当然、準備していた活動は全て一旦停止、見直しになります。コミュニケーションの前提である検査体制に対する不信感が生まれたことが最大の問題でした。

先ほども触れた通り、7月から8月にかけて、福島の桃の出荷が最盛期を迎えます。風評被害が懸念される中で7月上旬、福島県産の桃の出荷状況は、取引価格を含めて順調な滑り出しだったと言います。ところが、この牛肉の問題が発生して以来、一斉に福島の桃の扱いが変わりました。最終的に、2011年の福島の桃は、例年の4分の1以下の価格で取り引きされたそうです。私自身、東京のスーパーで、福島県産の大きくて美味しそうな桃が8個400円で売られているのを見て、「一体いくらで仕入れているのだろうか」とやりきれない気持ちになりました。

結局、政府が岩手、福島、栃木3県の肉牛の出荷制限を解いたのは8月25日、その後も一部でしか出荷できず、福島県で全頭検査が整うのは9月に入ってからでした。その厳しい状況の中でも少しでもポジティブな情報を発信したいと8月17日に福島県の広報活動として、「ふくしま　新発売。」プロジェクトの記者発表会が実施されます。この記者会見の模様は、当日のNHK総合テレビの19時のニュースをはじめ、多くのメディアが好意的に取り上げてくれました。ご覧になった方もいるかもしれません。

また、この日オープンした「ふくしま　新発売。」プロジェクトのサイトの中では、福島県産の農作物の検査結果をできるだけわかりやすく調べることができる検索システムを稼働させました。このサイトへの反響は非常に大きかったです。この日に間に合わせるためにがんばったサイト制作のスタッフの仕事が報われた瞬間でした。

しかしその一方で、この記者発表会、プロジェクト自体に対して、ネット上では厳しい批判、否定的な意見も多数アップされました。これもまた事実です。

本章の冒頭に申し上げた通り、ある種の反発や冷遇は覚悟していましたが、集まった賛否、反響に耳を傾けながら、私自身が気付かされたことが大きく2つありました。

まず、同じ福島県下でも、地域、被害状況による温度差があることです。現地で農家の方々の話を聞きながら作業を進めていましたが、結果から言えば公聴（広く農家の意見を聞くこと）が全く足りなかったということです。被害状況、農業への関わり方や立場で、復興施策に対する考え方も、受け止め方も大きく違うことに気付きました。

もう一つは、不安、不満は福島県内にあったということです。そもそも私が参加したプロジェクトのミッションは「首都圏の消費者に向けた風評被害対策」でしたから、コミュニケーションの対象が首都圏の消費者に向いていたわけです。しかし、実際の課題解決の筋道は、むしろ、まず福島県の生産者と消費者の不安の解消が最優先ではないかと痛感しました。厳しい意見、批判は福島県内、福島県人から寄せられたものが多かったからです。

私はコミュニケーションの前提となる「構え」についてもう一度検討する必要を感じました。

「構え」について再考する

8月17日の記者会見後の反響を検証しながら、プロジェクトチームにも、コミュニケーションの「構え」を再考することを提案しました。私個人としては、正直「さて次の手をどう打つべきか」と考えあぐねていました。そんな折、あるテレビ番組に出演されていた茨城県の民間農業法人と茨城大学の高妻孝光教授の取り組みを知ることになります。番組で紹介されていたのは、茨城県のつくば市にある「みずほの村市場」という直売所で行われている徹底した放射線のモニタリングとその情報公開についてでした。茨城県でも、原発事故の影響で3月にホウレンソウで規制値を上回る放射線量が検出されて、出荷停止になるという事態が起こっていました。これを受けて「みずほの村市場」では、4月から取り扱う全ての作物を出荷時検査しているということ、しかも、その検査の様子を消費者（顧客）に公開しているというものでした。直感的にですが、ここに、これから自分たちが取り組むべき知見があるのではないかと感じました。すぐに高妻教授にメールを送りました。

高妻教授からもすぐにレスポンスがありました。2日後に茨城大学にお邪魔してお話を聞くことができました。番組で拝見した検査についての質問を切り出した私を制して、先生はこうおっしゃいました。

「『ND（検出不能）』『150ベクレル』『500ベクレル』。計測することも大事ですが、それ以上に重要なのは、数字の意味をきちんと説明することです。安全か安全でないのかは、消費者の皆さんが判断することです。私に出来ることは、皆さんの判断の材料になる数字の意味、読みとり方を丁寧にご説明して、検査をすることです」

それから約40分間、先生の話の一つひとつに聞き入りました。高妻教授は震災発生後、茨城県内だけでなく、東北や関東の様々な会合で放射能についての解説や説明を行ってきたそうです。その回数は既に50を超えています。また、私の立場や考えも先生にお伝えしました。高妻教授の話の中で興味深かったのは、放射能の話を聞いた農家の方々の反応についてでした。

「私の話を聞くと、最初は不安顔だった農家の皆さんが、土も作物も測定しようとおっしゃるようになる。このままだと自分たちが作っているものに確信がもてないからです。ちゃんと測って自信をもって出荷したいという気持ちだと思いますよ」

　意見交換の結果、ご協力いただける約束をもらって、スタッフと2人で茨城大学を後にしました。その後、直売所にもお邪魔をして、実際の計測風景やお客さんと先生のやりとりも拝見しました。みずほの村市場の長谷川久夫社長からも立ち話程度のほんの短い時間でしたが、意見を聞くこともできました。このみずほの村市場および高妻教授との出会い、さらに、その後、様々な学術研究者や農業経営者の皆さんの意見を聞くことで、次のアクションに向かってのあるべき「構え」が見えてきました。

●主体はあくまでも、農家である。農家が取り組む事業へのサポートが大前提である

「一体誰のための支援なのか、支援のための支援になっていないか。農家が自主的に取り組ま

なければ成果は生まれない」

これはある農業法人の経営者の言葉です。まさに、核となる知恵だと受け止めました。

●「除染」と「検査」への取り組みありき

まず、「構え」として、「除染」と「検査」の2点への取り組みから着手するべきである。消費者を動かしたいと、ターゲット思考でコミュニケーションをはじめる前に、まず自分たちの取り組みを起点にする。

●まず地元から

首都圏への働きかけに目を奪われてきたが、地元の人が不安に感じている状況のままで、福島県産の農作物を首都圏の消費者が食べるだろうか。そもそも農作物は地元で愛されることが大前提、その意味でもまずは地元から。

●理解を深める機会を設ける

生産者、消費者、流通、そこに学識者が一体となって、「放射能対策」について理解を深める機会を設ける。議論ではなく、実践ノウハウの共有の場をつくる。

以上は、当たり前のことばかりではないかと思われるかもしれません。しかしながら、なんとか前向きな情報を発信し、理解を得たいという焦りが、この当たり前の「構え」に至っていなかったことを反省しました。同時に、正直な感想として、当たり前のことを実行に移すことが非常に難しいことをこの数ヵ月間で痛感しました。例えば、〝徹底した検査体制〟が必要であることは、当初からわかっていたことですが、全品全量検査を実施するためには、検査機器の数にも限界があり、なかなか実現できなかった面もあります。

現在、福島県下の地域、コミュニティでの復興への取り組みが、少しずつ成果を見せるようになってきています。二本松市東和地区の農家を支援されている新潟大学農学部の野中昌法教授や相馬市を支援されている東京農業大学国際食料情報学部の門間敏幸教授など、それぞれの地区で復興を支援しているアカデミア（学術研究者）の知恵を集積する筋道も見えてきました。市町村単位、地域や農業法人単位の取り組みをさらに推し進め、その成果を福島県全体にどう広げていくのか、そこに課題があります。

『現代ビジネス』が支援してくれたネットワーク型のコミュニケーション

いま、福島県下に散見される「成果」をいかに編集するのかが今後の課題です。それについては、講談社のウェブマガジン『現代ビジネス』がプラットフォームになって、新しい活動が立ちあがろうとしています。第1章の最後に「第4章で」と言及した、デジタル・メディアによるネットワーク型コミュニケーション支援の好例として、ここで紹介します。『現代ビジネス』は、政治経済を中心にしたビジネス系ウェブマガジンです。ネット言論を牽引するオピニオン・マガジンとして、厚みのある執筆陣と機動力とネットワーク力でユニークな記事を展開してページビューも好調です。

もともと、私が連載コラムを書かせていただいている関係で、『現代ビジネス』の編集長、瀬尾傑さん（私と同じく〝まさる〟さんです）には、福島県のプロジェクトに関わると決まった当初から、友人として、また一人のジャーナリストとして、いろいろと意見を聞かせてもらっていました。ちなみに、瀬尾さんほど〝ゲリラ〟という言葉がよく似合う編集者はいません。その風貌に加え、戦況に応じて奇襲・待ち伏せ・後方支援を仕掛ける、まさに〝ゲリラ・エディター〟です。

2011年の8月下旬だったと思います。コラムについて打ち合わせをしていたところ瀬尾さんが、「山田さん、『現代ビジネス』はノマド化（遊牧民のようにオフィスを固定しないこと）を目指していまして、しばらくの間、編集部を福島県に移そうかと思っています」と唐突に言われました。「えっ！　どうやって？」と私は思わず声を上げました。「PCを使える環境さえあれば、どこでだって仕事ができますよ。それがウェブマガジンのいいところです」と言うゲリラ瀬尾。なるほど、紙の雑誌では考えられないがウェブマガジンなら可能かもしれないと納得しつつ、「瀬尾さんはノマド（遊牧民）というよりゲリラなんだけどな」とつぶやいていました。

当然、編集部としてのねらいがあってのノマド化、福島への移転だったと思いますが、福島のプロジェクトで悩んでいた私にとっては、百人力の味方を得た気持ちでした。

実際に『現代ビジネス』は、2011年9月から約3ヵ月間、福島に編集機能を移します。このノマド化企画の一つとして「福島で農業を考える」という座談会が開催されました。田原総一朗さんや津田大介さん、月刊『農業経営者』副編集長の浅川芳裕さんなどジャーナリストに参加いただき、茨城大学の高妻孝光教授、新潟大学の野中昌法教授などの学術研究者、さらに地元の農家の皆さんにも参加してもらいました。

『現代ビジネス』というメディアによって一つの「場」が設定されたことになります。この「場」を通じて、様々な人的ネットワークが広がり、その模様が『ニコニコ動画』で中継されて、第1回、第2回ともに、1万〜1万5000人の視聴者を獲得しています。

第2回の座談会で問題提起されたのが、学術研究者の連絡会議です。除染や土壌改良、食品検査などの各領域の専門家グループ間の情報交換、知見の集積を図り、これをプラットフォームにしながら、福島県下の生産者や流通関係者、さらに消費者へのサポートを目指していこうというものです。座談会企画が「場」になって、さらに「座組み」へと発展しつつあります。目的は、福島県下に散見される「成果」とそこから得られる「知見」を編集する体制づくりです。

様々な復興への取り組みは「点」の活動に止まっています。まずアカデミアの知見を編集し、福島県下の直売所関係者と連携しながら、「点」をつなげて「線」にして、復興の輪郭を浮かび上がらせたいと思っています。

連絡会議の立ち上げは間もなくです。「構え」をつくって「議題」を設定し、「参加」を引き出す。そのためのプラットフォームになればと考えています。

ここまで時間がかかり過ぎたことを猛省しつつ、次のステップに進んでいきたいと思います。この本が出版される頃には、この福島の「農業復興のためのアカデミア・フォーラム（仮）」が立ちあがっているはずです。

さらに、〝おまけ〟がありまして、先の座談会がきっかけになって、年末恒例の『朝まで生テレビ！』の年末スペシャルを福島から放送することになりました。

この一連の『現代ビジネス』の企画は、私にとっても大いに刺激になりました。福島県の風評被害対策としては、直ちに〝全国紙〟や〝テレビの特集番組〟を通じて、「ヒエラルキー型のコミュニケーション」で全国の消費者に情報が伝播されることが望まれるわけです。

ただ今回のように、まず数万人単位の規模でアクセスが望めるウェブ・マガジンをプラットフォームにしながら、ジャーナリストの知見とネットワークを最大限に活用し、学術の知恵や生産者の知恵、さらに消費者や流通の声を集積する「座組み」をつくることができるわけです。そこから活動を立ち上げることも、問題を提起することもできるわけです。しかも、そのプロセス自体が、数万人単位のコミュニケーションになっています。

このやり方は難問解決において、かなり現実的なソリューションだと思います。ウェブマガジンから起こった〝渦〟を時間をかけながら〝うねり〟に昇華させていく、統合型コミュニケーションの一つの形がイメージできると思います。

ケース3：NPO法人ゆうきの里東和ふるさとづくり協議会

3月11日以降、福島県下では、田んぼの数だけ、畑の数だけ、復興への取り組みが行われてきました。それは、一人一人の農業従事者が、この厳しい状況下でも、毎日、農作業を継続してきたということです。外部被曝を心配しながらも、屋外で農作業を続けるのは、生き物が相手で天候や季節に応じた日々の手入れを怠るわけにはいかないからです。

ネット上には「いますぐ止めて、東電に賠償してもらえばいいじゃないか！」「放射能に汚染された農作物をつくるな！　出荷するな！」などという書き込みがあります。書き込みをしないまでも、同じように思っている人は少なくないかもしれません。

実際に〝なぜ止めないのですか？〟と、ある農家の方に率直にたずねたところ、「今ここで作ることを止めたら、次の収穫はなくなる。そしたら次の作付けも見通せなくなる。農業は工場の生産ラインのようにスイッチでオン・オフを切り替えることはできない。だから、それでも作り続けるのです」という答えが返ってきました。

私たちが理解しなくてはいけないのは、福島の農家は、東京をはじめとする消費地のためだけに農作物をつくっているのではないということです。先祖代々、護ってきた土地と地域社会があります。郷土を生かし続けるためにも、彼らはそこに生きて農業を営んでいるのです。

このことを私が実感した福島県二本松市の東和地区（旧東和町）の取り組みを紹介したいと思います。

ＮＰＯ法人ゆうきの里東和ふるさとづくり協議会は、コミュニティの構成員一人一人が自律的に「難問解決」に取り組む〝コミュニティ・ソリューション〟の実践例そのものです。今回の震災への対応の前に、まずこのコミュニティがもつ背景についてお話をします。

ゆうきの里東和ふるさとづくり協議会（以下、ゆうきの里東和）は、２００５年（平成17年）

4月に設立されたNPO法人で現在、会員数が267名、理事19名、監事3名、職員6名、パートタイマー18名で運営されています。

主に道の駅「ふくしま東和」という直売所の運営、有機農業の普及、新しい特産物開発やグリーンツーリズムの受け入れなど、過疎地域の自立活性を目指して活動をしています。

理事長の大野達弘さんによれば、

「ゆうきの里東和が生まれたきっかけは、市町村合併への危機感でした」

と言います。

2005年に、二本松市と安達郡安達町・岩代町・東和町が合併し、新「二本松市」が発足しますが、その市町村合併の推移を横目で眺めながら、大野さんたちは2000年（平成12年）頃から自分たちの地域をいかに再生するかを考えはじめます。都心に住んでいる人には過疎が進む地域での市町村合併といわれてもピンとこないかもしれませんが、大きな市に小さな町が吸収されるということは、学校や病院や保健所などの統廃合、行政サービスのリストラが行われる、ということです。

当時の葛藤について大野さんにうかがいました。

「東和町がなくなって、二本松市に吸収される方向で議論が進んでいることはわかっていて、いよいよ自分たちはどうやって生き残っていくのかと考えたわけです。この辺りは、元々は養蚕が盛んでしたが、いまはもう廃れてしまっています（最盛期は養蚕農家が１０００軒で年間の生産高12億円、現在は4軒で１２００万円。生産高は最盛期の１００分の1に減少）。二本松は平地の大規模農業が中心ですが、東和は中山間地で、少量多品目で小規模な農家が多い。しかも、行政に頼ろうにも、市町村合併で吸収される（統廃合が進む）わけですから、むしろ状況が厳しくなる一方です。結局、どうやって生き残っていくのかという危機感がありました」

そこで大野さんはじめ、有志数名がこれからの東和地区の生き方、農業の在り方を話し合いながら活動を立ち上げました。それまでの東和地区では、有機農業にしろ、グリーンツーリズムにしろ、意欲をもって取り組んでいる人はいるけれど、それぞれ個性が強く、一匹狼的にバラバラに取り組んでいたそうです。市町村合併の危機感もあって、いざ、胸襟を開いて話し合いをしてみると、みんな想いは同じだったと言います。

役所に〝お任せ〟できなくなるのなら、自分たちで意見をまとめて、実行する組織が必要だろうということになって、いまのＮＰＯの前身となる組織ができます。それぞれの意見が少々違っても、結局、どうやって生き残っていくのかという一点で話し合いを続けていくと、おのずとやるべきことが見えてきたそうです。

目指すべき姿について大野さんは次のように説明してくれました。

「何よりもまず、この里山をいかに守りながら自立の道を探るかということが基本理念です。

あとは、付加価値を高める手段として、有機農業を推進していくしかないだろうと考えました。有機農業も、農家個別の取り組みでは弱い。地域をあげてみんなで取り組むことで、はじめて他所との差別化になります。そうなるとみんなを支える堆肥センターが必要になりました。しかも、少量多品目で生産量は大きくないので農業だけでなく、加工品による商品開発や観光的な要素をそこに組み合わせていく構想がまとまりました」

枝葉では意見が割れることはあっても、事業の幹のところでは〝これしかない〟と目指すべき地域再生計画が固まってきたのだと言います。ＮＰＯ法人化に際して明文化された「ゆうきの里東和」宣言には明確な理念が謳われています。

西に安達太良《あだたら》連峰を望み、木幡山《こはたやま》・口太山《くちぶとやま》・羽山《はやま》の伏水が阿武隈川《あぶくまがわ》に注ぐ里山の営みが連綿と息づいてきました。

春の山菜、夏の野菜、秋のきのこに雑穀、いも類、果実、冬の漬物、味噌、納豆、餅の文化を生業として暮らしに活かしてきました。（中略）

わたしたちは心にやさしく、たくましく、生きる喜びと誇りと健康を協同の力で培います。

わたしたちは「君の自立、ぼくの自立がふるさとの自立」輝きとなる住民主体の地域再生の里づくりをすすめます。

わたしたちは歴史と文化のいきづく環境を守り育て、人と人、人と自然の有機的な関係と顔の見える交流を通して、地域資源循環のふるさと「ゆうきの里東和」をここに宣言します。
（傍点は筆者によります）

この宣言にある通り、福島県二本松市東和地区には、自立を旨とする住民中心の地域活性に取り組んできた蓄積があったということです。ゆうきの里東和は、福島県の中山間地の小さなコミュニティですが、ここには日本で有数の「人を生かす力」「〝ややこしい問題〟を解決する力」が備わっていたのだと思います。

3・11以降のゆうきの里東和の取り組み

3月11日の地震の被害とその直後の様子について、ゆうきの里東和の事務局の海老沢誠さんに話をうかがいました。

「この地域は地盤が固いのか、地震の被害は大きくはなかったです。この道の駅（売店）に陳列している商品もほとんど落ちなかったぐらいですから。但し、山を越えて海側の浪江方面から、どんどん人が避難して来られました。命からがらに逃げてくる人たちに対応して、避難所や検査を受ける医療施設等に案内する仕事に追われました」

隣接する浪江町からの被災者を受け入れるために、二本松市内で7ヵ所の避難所が設けられました。海老沢さんによれば、震災後1ヵ月間は、浪江方面からの避難者に対して道の駅としての機能を果たすことに精一杯で、自分たちの心配をしている余裕がなかったと言います。

震災から約1ヵ月後の4月17日に道の駅「ふくしま東和」では、震災からの復興を誓って「浪江やきそば祭り」を実施しました。そして、その頃から、夏に向けて野菜の作付けをどうするかという議論がはじまりました。ゆうきの里東和では、毎月1回生産者が集まる「生産者会議」が行われています。普段の会議は60~70名程度の参加者だそうですが、この時にはさすがに100名以上が参加して、果たして例年通りに作付けをしていいものかを議論したそうです。侃々諤々《かんかんがくがく》の議論の末、集まったほとんどの農家が、農業を護るために、例年通り作付けを行うことを決めたと言います。

コミュニティとしての意思決定の在り方について大野理事長は、「決して理事が決定したことに従ってもらったわけではなく、どうするのかをみんなで真剣に話し合って、いろいろ考えた結果、作付けしようとなった。今回も危機感があったから、まとまったと思う」と話してくれました。

一方で、ゆうきの里の理事たちはNPO法人としての「復興プログラム」を作成して、様々な施策に着手しています。行政に頼らない住民主体をテーマに掲げている団体らしく、スピードと主体性をもった復興プログラムが進行していきます。

「復興プログラム」にはまず、土壌の専門家である新潟大学農学部の野中昌法教授がサポートに加わりました。その他、食品の放射性物質汚染を検査する機器が設置されますが、この検査機器については、京都にある通信販売会社からの供与という形で配備されました。

徹底した土壌調査、堆肥等有機物による土壌の放射性物質（セシウム）の固定化、直売所での全品検査体制に情報公開と、自力で様々な取り組みをはじめています。

国や県や市の支援に頼らない、住民主体での取り組みは、過疎の地域にある小さなＮＰＯの挑戦として『報道ステーション』（テレビ朝日系）や『クローズアップ現代』（ＮＨＫ）などで取り上げられ、大きな反響を呼びました。

「統合知」としての検証＠福島「ゆうきの里東和」

大野理事長に、多くの協力者を得たことについて聞いてみたところ、

「本当にありがたいことです。小さなＮＰＯだから潤沢な資金があるわけでもない。皆さんの協力があって検査体制や土壌の対策ができていると思っています」

という答えが返ってきました。但し、大野さんはこうも続けました。

「厚かましいと思いつつも、いつも協力してくれる皆さんに言うのは『まず、私たちがこの里山でどうやって生きていけるか』『この里山を再生できるのか』が最大の目的だから、そのことはぶれないようにしたいとお願いしています。そのことを理解してくれた専門家の先生方や企業の方々に協力してもらっています」

揺るがない理念があるから、そこに様々な知識や支援が集まってくるのだろうと思いました。また理念がなければ、知識を統合する意味がない、と受け止めることもできる発言でした。

東和地区以外でも多くの法人や地域で有機農業を指導・支援してきた野中教授は、農業の在り方について次のように指摘しています。

「農業の中にあった〝育てる技術〟というものが近代化、工業化の中で見失われてしまったのではないでしょうか。本来の農の営みの核には、土地を育て、作物を育て、人を育て、地域を育てるという姿があったはずです。東和のような、小規模でも、じっくりと有機栽培に取り組む法人や地域では、そういう本質が再生されているのではないかと思います」

さらに、震災後の復興施策についても、野中教授は画一的な施策ではなく、地域毎の取り組みの重要性を指摘されます。

「チェルノブイリの先例を見ても、上から行政が推し進める施策はことごとく失敗している。

うまく効果を発揮しているのは、地域に根差した下からの施策です。それは、地域の土壌や地形など、さまざまな条件にあわせた施策が必要で、画一的なやり方は通用しないということです。その地域のことを一番よくわかっているのは地元の人たちですから、地元の農家を中心に復興を進めていくことが必要です」

この野中教授の言葉には、ゆうきの里東和の理念に共鳴する気持ちと、農学の研究者としての深い見識が示されています。こういう知恵が集積された結果の取り組みなのだと思いました。

先に紹介した茨城県の「みずほの村市場」にしろ、この「ゆうきの里東和」にしろ、共通するのは有機栽培農業を事業の基盤にしながら、加工品事業の第二次産業や飲食業等含めた第三次産業までを手掛ける農業法人やＮＰＯ法人だということです。事業の核には「直売所」があり、地域の農家が２００～３００人の規模で生産者として参画するコミュニティが成立しています。そこには、生産者、流通、消費者の顔が見える豊かな人間関係があります。

そして、ここが最大の特徴ですが、卓越した農業経営者が、地域のプロジェクト・リーダーとして指導力を発揮しています。今回の震災後の復興対策の立ち上がりのスピードや施策の的確さを見ても、この規模と地域社会との関係、そしてリーダーの存在に、次世代の日本の農業を牽引するヒントがあるのではないかと感じました。優れた農業経営者は、ただ単に農業を行うだけではなく、土地と食品を媒介にしながら、地域社会を支えるリーダーになり得るということです。農業を〝農作物の生産〟としてだけ捉えずに、地域社会の核となる事業として捉え直して、できるだけ優秀なリーダーを育てていくことが重要なのだと思います。

これは第1章で言及した「コミュニティ・ソリューション」にも通ずるヒントです。農業地域であれば農業ですし、都心であれば、スポーツや教育、あるいは医療や福祉かもしれません。何か難問解決に対峙するような、課題解決型のプロジェクトを通じて、地域社会の活性を図るということです。そういうプロジェクトの中で、優れた事業経営者やプロジェクト・リーダーを見出すことができれば、現代版のコミュニティ・ソリューションが現実のものに近づいてくると、私は考えます。

〝ややこしさ〟を解きほぐすために、福島で考えたこと

本書のテーマであるコミュニケーションからは少し逸脱しますが、今回の原発事故後の福島県産の農林水産物を取り巻く問題について、私が考えたことを付記しておきます。

今回、私たちは次の2つのことを反省し、知見とする必要があるのではないでしょうか。

まず、第一に「責任」についてです。

「食の安全を守る責任」は一体、誰が担うのかということです。一連の政府の発表、あるいは、

県の安全宣言などは、この「責任」を果たすべく行われたものだったと思います。私たちも当然、食の安全は、時の政府が守るという大前提に立っていたのではないでしょうか。安全の基準値（出荷規制値）を国が定め、県が検査を行い、基準に適《かな》った農作物に「安全」というラベリングを行いました。しかし、残念ながら、いま「基準値」についても「検査」「情報公開」についても、多くの国民は信用していません。あるいは、腑に落ちていません。怒り、憤っているのかどうかという点では個人差はありますが、理解不足故に、納得に至っていないことは多くの国民に共通する問題です。

規模こそ違いますが、ご紹介したいくつかの地域、農業法人、ＮＰＯ法人で実施している徹底した検査体制と情報公開の取り組みは、消費者の不安解消に確実につながっています。これらのケースから読みとれることは、食の安全に対する「責任」は、生産者と流通（販売所）、そして、最後に品物を選ぶ「消費者」自身に委ねられているということです。

本章で紹介した茨城大学の高妻教授は、直売所や生産農家の依頼で数百の単位で農産物や土壌の検査を行ってきていますが、検査の数値データを第三者である自分が公表することは一切ないとおっしゃっています。「その数値は当事者である生産者と消費者のものだから」だそうです。言い換えれば、数値データをどう取り扱うのか、その権利と責任が「生産者」と「消費者」にあるのだと思います。

もう一つは、「コンセンサス」の問題です。

これは第1章でも問題提起した通りですが、私たち一人一人も、マス・メディアも、大いに反省をして自覚的に取り組むべき課題です。今回のような〝公共問題〟が発生した場合には、政府とメディアが協調して、オープンでフラットな環境で、建設的なコンセンサスの構築を目指すべきです。ソーシャル・メディアやネットでの無責任な発言が悪しき空気を醸成することを放置し続けてはならないと思います。

今回、政府にとっても先例のない大混乱の中での情報コントロールだったと思いますが、その発想は「混乱回避・パニック回避」のための情報統制にあったと思われます。今回の経験を踏まえて言えば、災害や事故直後の混乱期を経て、一定の収束の見込みがついた時点からは、むしろコンセンサス構築のために積極的に情報を公開していく姿勢が必要ではなかったかと思います。

「責任の所在」「コンセンサスの構築」、その背景には情報環境の変化があります。情報が溢れ、一般国民がかなりの情報にアクセスできる現状では、上意下達の施策や情報統制の発想では問題解決は望めないということです。今回の経験を、次の難問解決には活かして欲しいと思います。

福島の章の最後に、福島県郡山市の農家の8代目、30代の農業青年の言葉を紹介します。

「今は最大のピンチだけど、最大のチャンスだと思っています。地味な福島が日本中、いや世界からこんなに注目を集めているわけですから。**〝復旧〟、元に戻すだけでは駄目なんです。何十年かかろうとも、震災前よりも福島が良くなった、輝いていると言わせたいですね**」

ここに、揺るぎない福島の「構え」があります。

第5章

「統合知」の実践／展望編

2011年は、多くの企業が震災後の復興支援に取り組みました。
それは非常時だから許された特別な活動なのでしょうか。
現場で指揮をとったプロジェクトリーダーたちには、
経営陣から「みんな、よくがんばった。さあ、いつもの持ち場に戻ろうか」
という掛け声がかかるのでしょうか。
「節電」に関する2つの企業の「統合知」の取り組みを紹介しつつ、
「統合知」を核とした難問解決コミュニケーションの課題と展望について考えます。

ケース4. ダイキン工業株式会社

読者の皆さんも〝ダイキン工業〟という企業はご存知だと思います。エアコン、特に、ビルや商業施設などの大型のエアコンというイメージがあるかもしれません。そのダイキン工業株式会社（以下、ダイキン工業、またはダイキン）が、空調のリーディング・カンパニーとして取り組んだ「節電コミュニケーション」についてのお話です。

ダイキン工業は２０１１年5月の決算発表で「２０１０年度空調事業の売上高が、これまでグローバル№１と言われていた米国キヤリア社を抜いた」という自社調べの結果を明らかにしました。元々、空調の基幹技術に関する重要な国際特許をいくつも所有しているダイキンが家庭用、業務用の空調機器（エアコンや空気清浄機など）の売上高で世界トップレベルになり、まさに、〝空調のグローバル・リーダー〟になったわけです。

ところが、ダイキンは日本の国内市場、特に家庭用に限っては、パナソニックやシャープなどのいわゆる総合家電メーカーに劣勢を強いられているところもあります。家電メーカーに比べて、テレビコマーシャル等への広告量が圧倒的に少ないこともあって、ブランドの知名度、親近感などで後塵を拝しているという状況です。

さて、2011年の夏、東京電力管内の企業、生活者にとって、「節電」は非常に切迫した問題でした。これまで当たり前に使っていた「電気」が使えない⁉ ネオンが消え、エスカレーターが止まり、街灯が消えました。これまでは、地球規模の大きくて遠い課題だったエネルギー問題が、突如として毎日の生活を揺るがす深刻な問題になりました。消費電力前年比15％削減という目標が掲げられて、皆が自主的に取り組むことが求められました。

日本国内で最大のエアコンメーカー（家庭用と業務用）であるダイキンでは、震災直後から節電ソリューション（解決策）をテーマにプロジェクトが組まれ、5月から一般家庭用と業務用のそれぞれの領域で、節電をサポートするサービスを提供しました。それが**「ダイキン節電プロジェクト」**です。

プロジェクト・リーダーの一人である同社の総務部広告宣伝グループ長の片山義丈さんは〝企業ダイキンにとっての節電〟には、大きく2つの前提があると説明します。

「まず、元来、わが社のミッションの中核には、できるだけ少ないエネルギーで快適な空調を世界の人々に届けたいという想いがあります。世界では、中国をはじめ、これから空調が普及していく国やエリアがまだまだあります。もし、空調について消費エネルギーが半分に減る技術革新があれば、今と同じ地球環境への負荷で2倍の空調機器を普及させることができるという理屈です。今後も世界で空調事業の拡大を目指すには、消費エネルギーを極力抑える必要があるわけです。ですから、うちは開発から販売、アフターサービスまで、常に一貫して〝省エネ〟なんです」

「もう一つの前提は、夏の節電と冷房、つまり〝クーラー〟の問題です。資源エネルギー庁平成16年度電力需給の概要（平成15年度推定実績）によると、日本の一般家庭の消費電力において空調の占める割合は約25％で一番大きいです。米国でも欧州でも空調は大体25％以上を占めていると、ダイキンでは推定しています（ちなみに、日本では、次に冷蔵庫と照明がそれぞれ約16％、テレビが約10％と続きます）。ですから、毎年夏になると〝クーラー〟は電気を食う悪者として見られてきた歴史があります。どこか電気の無駄遣い、贅沢というニュアンスがありました。ところがここ数年、夏の猛暑が続きました。熱中症で倒れる人が増え、不幸にして亡くなる方も出ています。そこで〝エアコンを使わないように〟ではなく、〝上手に使うにはどうしたらいいか〟という方向に変わってきました。節電の中でも、夏場のクーラーの話になると〝ダイキンに聞こう〟と問い合わせをいただくようになってきました」

3・11以降、多くの製造業がそうであったように、ダイキン工業でも社員の安全確認、生産ライン、物流システム、原材料の調達など、まずメーカーとしての基本機能へのダメージの確認とその対応策に注力する非常時対応シフトが組まれました。宣伝広告担当の片山さん自身も、約1ヵ月は災害対策本部のリーダーとして、震災対策に追われる日々が続いたと言います。自社の災害対応に目処《めど》が立ち、片山さんが通常の仕事に復帰しつつあった4月初旬より節電プロジェクトは本格的に動きはじめます。「社内には、元々〝省エネ〟をテーマにしたタスクやプロジェクトがありました。私自身も、過去にエコ・キャンペーン、節電啓発を行ってきた経験もあります。但し、今回は明らかに状況が違いますから、緊張感をもって、改めて取り組みました」

プロジェクトは、まず全社内から、改めて「節電」に関するノウハウや提供できるサービスに関する情報を徹底的に収集することからはじまりました。生産・研究はもちろん、業務用の営業やサービスの部門、家庭用の各営業部門、事業部、宣伝広告、広報など、全社から情報を集めました。これまでにないスピードで社内から様々な知見が集まったと片山さんは言います。

「研究開発は当然ですが、営業の最前線からも、いろんな知見やアイデアが集まりました。少しでも役に立ちたいというみんなの想い、一方で、空調専業メーカーとしての〝責任感〟をひしひしと感じていました」

一方で各部門、部署で見解が違うこともあったようです。

「例えば、エアコンの室外機に直射日光が当たらないようにひさしを設置すると節電効果があるのですが、そのひさしによって風通しが悪くなると効果がないという意見もありました。これまで各部門、各現場での経験則のようなものはたくさんあっても、社としてまとまった公式見解にはなっていないものも多かったです」

では、どうやってまとめたのでしょうか？

「最後は、十分に意見を聞き、検討した上で、プロジェクトチームで判断をしました。つまり、厳密なことを言い始めると、キリがなくて、結局何も言えなくなります。住宅の条件や建物の状況では、〝必ずしも当てはまらない〟というケースが出てくる可能性はあっても、常識的に考えて8割以上の家庭、あるいはオフィスにとって有効であろうと思われるものは採用しました」

もう一つ、プロジェクトチームとして情報をまとめる上で課題になったのは、節電効果の実効性をどう担保できるかです。「実証データに基づいて何％節電できるのか？」という問題にいかに答えるかということです。プロジェクトチームの一員で広報グループ課長の阿部聖さんは実証実験を行うに至った経緯を語ります。

「社内の節電に関する実証データは、製品開発の過程で研究所内の実験施設で行ったものです。〝省エネ効果何％〟というデータではありましたが、日射や気流、住宅条件によって異なる実際の住空間での節電効果を実証するデータではありませんでした。今回は政府からの〝節電15％〟という目標数値もありました。どれほどの効果があるのかを数値で具体的にお示ししないと、説得力がないだろうということになりました」

そこで、プロジェクトチームでは、社内のノウハウやサービス情報を編集しつつ、一方でユーザーは一体何を知りたいのか、特に家庭の節電情報のニーズについて調査をするとともに、実証実験を行う準備に着手しました。

震災直後から準備に入ったダイキン節電プロジェクトは、4月から順次、その成果を社外に発表し展開していきました。

まず、業務用では、**東京電力管内を対象にした「節電コントロールセンター」を4月16日にスタートします（6月27日から全国でも展開）**。

オフィスビルや商業施設、工場などの大型空調機器を最新のコンピュータ制御で管理し節電をサポートする『エアネット』やエアコンの温度設定を冷媒《れいばい》というエアコンの大本で制御する『VRV・エネ・チューニング』、室外機に自動散水することで節電をサポートする『エネカット』などの、業務用の節電サポート・サービスのラインナップを整えました。10年前、15年前に購入したエアコンでも、最新の技術で節電をサポートできるように300名の専任担当者を置き、問い合わせ窓口を一元化して対応にあたる体制をつくりました。

一般家庭用では、5月下旬から節電コミュニケーションをスタートしました。まず、収集した節電術を5月下旬から自社サイト上で展開、これを編集した〈節電カタログ〉が6月上旬に完成しました（写真8）。

（写真8）　　　　（ダイキン工業株式会社HPより）

一方、広報では、節電をテーマにした生活者の意識調査を行いました。第16回の「**現代人の空気感調査**」（ダイキンでは2002年から〝時代と空気〟に関する問題や意識の変化を浮き彫りにすることを目的に「現代人の空気感調査」という生活者向け調査を継続して実施しています）では、「節電」に焦点をあて、「今夏の節電と空気」に対する意識と実態についての調査結果を5月19日に発表しました。

この調査から明らかになった、節電情報のニーズに応えることを目的に「**ダイキン　空気のお悩み調査隊がゆく！**」と題した実証実験を実施します。ダイキン社員による調査隊が、「実際の家庭でどのような節電対策が効果的か」「何％の節電効果があるのか」を実験するというものです。実験では、実際に人が生活している一般家庭で、日射や気流などの住宅条件が変わらない横並びの同じ大きさの部屋を2つ用意して（これを探すのがかなりたいへんだったようですが）、様々な節電施策を一つの部屋で実施し、もう一つの部屋をアンコントロール（何も実施しない）にして比較検証することで、実生活空間での節電効果とその効果のパーセンテージ（数値）を明らかにしました。

空気感調査と実証実験を直接担当した広報グループの長内美鶴さんは「〝空気感調査〟と題して、空気に関するお客様の意識や要望について耳を傾けてきました。でも、空気って、なかなか効果や実体が目に見えないし、摑みとれない場合が多いのです。そこで、今回はなんとかお客様の期待に応えたいと、現場では粘り強く、実証にこだわりました」。

節電実証実験は、

①節電施策の有無による消費電力を比較

節電施策として「窓の外側によしずで日よけ」「エアコンのフィルターを掃除」「室外機の風通しがよい状態」の３つを行い、全く何も行わなかった部屋と比較しました。

②エアコンの設定温度を２℃上げることで、消費電力がどのくらい変わるのかを検証

その結果は、①節電施策の実施で21・８％、②エアコンの設定温度を２℃上げると22・６％の節電効果があることを明らかにしました。

以上が、ダイキンの節電プロジェクトの展開でした。

さて、その効果、貢献ですが、現実の「節電」へのインパクトで考えれば、エアコンに限らず企業の工場全体の稼働日数の調整や、商業施設のネオンサインの自粛やコンビニ等の商店の照明の自粛などの効果が大きかったと思います。但し、ダイキンの節電プロジェクトは、オフィスでも、家庭でも、小さな工夫で十分に節電効果が発揮されることを積極的に情報提供して、意識を高めた点で成果を上げたと言えると思います。プロジェクトのコミュニケーション活動を通じて、次のような反響が寄せられました。

業務用「節電コントロールセンター」への問い合わせ件数（主に電話での問い合わせ）は５

～8月で1838件、一般消費者からの問い合わせ（お客様相談室への問い合わせ）は同じく5～8月で8455件でした。また5月下旬から8月までのマスコミでの露出は、テレビ17件、新聞81件、Web26件、雑誌2件でした。

「統合知」としての検証@ダイキン

さて、「統合知」という視点からこの活動を振り返ってみたいと思います。まず、ダイキンの片山さんにお話をうかがったときに、開口一番出てきた言葉は空調メーカーとしてのミッションについてでした。震災との関わりではなく、そもそも〝省エネルギー〟はダイキンが対峙する大きな課題であるという認識です。

つまり、〝省エネ〟〝環境負荷の軽減〟はダイキンの企業の「構え」そのものです。だからこそ、ダイキン社内には、タスクが存在しており、様々なサービスも点在していたのだと思います。このバラバラにあった知見や眠っていた機能やサービスを再編して、活性化させる、それがダイキンの節電プロジェクトの意味だったと思われます。片山さんの言う「いままで、地道にやってきたことが、少しでもお役に立てばいいな」という想いにつながります。

このプロジェクトを踏まえて、今後のダイキンの〝省エネ〟あるいは〝環境〟への取り組みについて片山さんに尋ねたところ、「今回の節電のような全社の知見を集結するような動きを、平時のマーケティング活動の中でも展開したいと思っています。但し、『節電』『省エネ』のような大きなテーマを掲げても、空調の市場ではなかなか販売につながりにくい、そこが悩ましいところでもあります」という答えが返ってきました。本章冒頭での紹介にもあった通り、ダイキンは国内の家庭用市場では厳しい戦いを強いられています。激しい〝スペック競争〟×〝広告量の戦い〟の中では、企業の理念や社会的なテーマでは通用しない、もっと有り体に言えば「売れない」という議論に陥ります。

2011年は、多くの企業が震災という非常事態の中で、自分たちの企業ミッションに立ち返り、社会貢献の志の下に様々なコミュニケーション活動を展開しました。各企業、各ブランドの事業の根幹に通じる素晴らしい活動ばかりです。

但し、それは非常時だから成立したコミュニケーションではないかという見方もあります。「特別な年に実施した特別な活動」として成果は上がりました。では、次年度以降、〝売り〟に直結しそうにない活動に、継続して予算と人を貼り付けることが許されるのか。答えはノーです。現場で陣頭指揮をとったプロジェクト・リーダーたちはそのことを十分に理解しています。一方で、リーダーたちはここ数年で、従来型の〝スペック〟×〝広告投下量〟のマス・マーケティングの限界も実感してきたはずです。私からは、非常時のボランティアにではなく、平時のマーケティングに「統合知」を活かしていきましょう！　と提言したいと思います。是非、プロジェクト・リーダーの皆さんには、２０１１年の経験、知見を次に活かしていただきたいと思います。

皆さんが実感されている通り、「統合知」を核としたコミュニケーションは、企業の理念、事業の根っこに通じるテーマを見出すことができれば、そこにリーダーシップを発揮させることができます。またそこに難問を解決する力、競争力が湧いてきます。平時のマーケティングに活かすためには、ビジネス上の成果（収益）を念頭に「3年ゴール」でコミュニケーション計画をしっかり組み立てることだと思います。

そのときに大事な点は、**顧客の課題解決に重きを置くこと**でしょう。今回の震災のような非常時には、「困り事」が社会的課題です。そこに大きなアジェンダがありました。２０１２年以降は、改めて、自社と顧客の間での課題解決を見出して、アジェンダを設定する必要があります。第3章でまとめた「顧客の課題」と「社会の課題」の関係ですが、特に、顧客の課題を重視して考えます。

ダイキンの場合であれば、「節電」に限らず「空調ソリューション」を提供するという構えを保ちつつ、Ｂ２Ｂ（オフィス）で、Ｂ２Ｃ（家庭）で、空調に関する困り事をいかに解決するかという視点で、社内外の英知を集めることではないでしょうか。そこから出てきた課題を製品開発にフィードバックすることで、新製品開発等のさらに大きなイノベーションにつなげていくことも、3年、5年、10年の計画では十分に考えられるはずです。

今こそ、家電メーカーにはない、**空調ソリューションという「構え」**をつくって、顧客と社会の問題解決にチャレンジする必要があります。今回の「節電コミュニケーション」の先には、そんな展望が見えると私は感じました。

ケース5.味の素株式会社

日本の食品メーカーの中で、国内最大の料理のレシピ1万2000点を収録するのが、味の素株式会社（以下、味の素）の企業サイトの中にある「レシピ大百科」です。この「レシピ大百科」から「おいしい節電！　節電応援レシピ」のコーナーが立ちあげられたのは、震災からわずか4日後の3月15日でした。さらに、それから約1ヵ月弱、4月11日に、味の素としては初の試みとなるフェイスブックページ「節電レシピ」（味の素×レシピブログ）が開設されます。

同じ節電がテーマでも、先ほどのダイキンの「エアコン」とは全く違う、食品メーカーのトップリーダーである味の素が取り組む「省エネレシピ」についてのお話です。

味の素の企業サイト内「レシピ大百科」を担当する家庭用事業部の蛭田聡子さんは、福島県いわき市の出身です。3月11日の大地震は、蛭田さんの故郷、ご両親や家族を直撃しました。幸いにして、ご家族は無事だったと言いますが、蛭田さんは被災地の生活を想像しながら「東京に居ながらも、何か故郷の人たちの役に立ちたい」と考えたそうです。そんな中で自分にできることとして思い至ったのが「節電レシピ」でした。週明けの月曜日に早速、会社に提案。それを受けて、サイトを担当する同僚たちがすぐに動き始めます。まずは、今あるレシピの中から、「節電レシピ」となりえるものをピックアップすることから始めました。1万以上ある「レシピ大百科」の中から、電気とガスを使わなくても作ることができるものを選び、主食、主菜からデザートに至るまで、まずは34のレシピをかき集めました。「ツナ缶ユッケ」「温玉キムチがゆ」「ブランケーキ」などなど。地震発生から4日後の3月15日には「おいしい節電！節電応援レシピ」が立ちあがりました（写真9）。

通常、味の素のサイトで特設コーナーを設けるには、社内調整と制作で1ヵ月程度の時間がかかるところを、様々な特例を認めてもらい、スピードを最優先した結果でした。

今回の原稿をまとめながら、私自身も、「節電レシピ」をいくつか試してみました。電気もガスも使えない状況下での料理と思っていましたので、「切り詰めたもの」「非常食」を想像していました。ところが、実際に数々の「節電レシピ」に触れて感じたことは、厳しい状況の中

（写真9）　（味の素株式会社HPより）

でも「楽しくお料理をしよう」「おいしいものを食べさせてあげよう」という、前向きなメッセージとささやかな楽しみでした。この企画を呼びかけた蛭田さんの「東京に居ながらも、何か故郷の人たちの役に立ちたい」という想いも、そこにあったのではないかと思いました。

　蛭田さんをはじめ、サイトの「レシピ大百科」を担当するチームに、食品事業本部・家庭用事業部の駒瀬元洋さんが加勢することになり、「節電レシピ」チームが始動します。

　まず、立ちあがりに際して、新コーナーの存在をいかに知らせるかが課題になりました。震災直後、企業の宣伝やPR活動は、自粛ムードの中で一切認められないような雰囲気がありました。味の素でも、当面、メールマガジンの配信を自粛することを決めていました。そこでチームのメンバーが、個人で登録しているフェイスブックやツイッターを活用して、地道に新コーナーを知らせるようにしました。蛭田さんはじめ担当者の想いが少しずつ反響の輪を広げます。そんな中で、メンバーの投稿が、料理研究家の庄司いずみさんの目に留まり、ブログで紹介してもらえたこともあり、コーナー開設から10日で10万超のアクセスを獲得することに成功します。

チームをサポートする駒瀬さんは、味の素内でもデジタル・マーケティングに積極的に取り組んできた方ですが、今回の企画の立ちあがりの反響は想像以上だったと言います。

「私自身、蛭田さんの故郷を想う気持ちに動かされ、いい企画だから是非、一人でも多くの人に知らせたいと思って、フェイスブックやツイッターを使って、自分の友達やフォロワーに情報を伝えたところ、すごく反応が良かったですね。手応えみたいなものをチームのみんなも同じように感じていました。マス・マーケティングで言えば、10万という数字は決して大きくはないけれど、ソーシャル・メディアだけで10日の期間でそれだけの反響が集まったことは驚きましたし、可能性を実感しました」

この節電応援レシピの評判・反響が経営陣の耳にも届くことになり、「レシピ大百科」での掲載という一方向だけではなく、一般からもレシピ投稿を受け付けるような双方向に拡張してはどうかという話がチームに入ります。会社から活動をさらに推進するようにというお墨付きが出たということです。

そこで蛭田さんや駒瀬さんは、かねてからタイミングをはかっていたフェイスブックページの立ち上げに動きます。ブロガー等からのレシピ投稿の実績、運用のノウハウなども考慮して、「レシピブログ」を運営するアイランド株式会社と協力して、4月11日にフェイスブックに「節電レシピ」というフェイスブックページを立ち上げます。本体である「レシピ大百科」の中の「おいしい節電！　節電応援レシピ」と「節電レシピ」フェイスブックページは、いまも、情報の収集と発信を継続しています。

「統合知」としての検証@味の素

今回の「節電応援レシピ」の展開を振り返る上で、まず、確認しておきたいのは、そもそも〝レシピ〟とは一体どういうものかということです。「レシピ」は、元々お医者さんが出す処方箋をあらわす言葉だったと言います。それが、手順、組み合わせ方などの意味から、料理の手引き、手順書という意味になったようです。現在は、料理のレシピそのものが誰の考案かを明確にしており権利が発生するようになりました。一般にレシピというと、料理の出来上がり写真に手順が記されたものを言います。実際に、料理研究家やプロの料理人に考案してもらったものは、その謝礼と撮影等の費用を考えれば、知的資産としても1点あたり数万〜数十万円の価値があると言えます。食品メーカーにとっては、お金をかけて開発してきた「情報資産」であり、その集積は企業の「統合知」と成り得るものです。

今回の味の素の「節電応援レシピ」は、「節電」という突然のし掛かってきた社会的課題に対して、「レシピ」という自社の情報資産を活かしながら、プロの料理人や料理研究家という人的資産や過去に蓄積したレシピを最大限に活用し、あわせて、新たに社外のブロガー等の知見も収集した「統合知」の展開であったと言えます。

この原稿執筆時点で、自社サイトとフェイスブックページで掲載された「レシピ」点数は、約300点に上ります。参加したプロの料理家は全部で19人、ブロガー等をあわせると61名になります。

蛭田さんも駒瀬さんも、今回の取り組みを一つのチャレンジとして捉えています。「味の素は、家庭用食品でマス・マーケティングを展開してきた企業ですから、今回の取り組みが、いますぐにマスで効果を発揮するものではないことは十分に理解しています。但し、ブランドを横断する〝レシピ〟の存在が味の素と社会とがつながる鍵になるということは実感できましたし、可能性も感じました。しかもテーマや目的次第では、今回のように社内外のネットワークをスムーズに活用できることもわかりました」と、駒瀬さんは手応えを語ってくれました。

味の素でも、以前は各ブランドがキャンペーンごとに、レシピ開発をバラバラに行っていたような時代もあったそうです。しかし、いま味の素にとって、レシピは商品ブランドを串刺しにする一つの大きな資産であることが認識され、レシピの開発や集積は全社でコントロールされています。

味の素という企業が、日本の食品メーカーの中で、もっともたくさんレシピを開発してきて、いまや1万2000点を超えるレシピを有しているのは、なぜでしょうか。まさか、レシピ点数でギネス記録を作ろう！　と目論んで集めてきたわけではないはずです。先ほどの駒瀬さんのお話からすれば、マーケティングを推し進めるプロセスで、結果的にそれだけの数のレシピを開発してきたということではないでしょうか。つまり、味の素という企業は、日本の食卓にソリューションとして「レシピ」を提供し続けてきた、そのレシピを支えるのが「ほんだし」であり、「クノール」であり、「Cook Do」であったと、私は解釈します。「レシピ」を通じて、日本の食卓を明るく楽しく、健康的に支える、そういう「構え」を念頭に置きながら、味の素のブランドを眺めると、味の素という企業への理解が深まるような気がしました。

先日全く別の機会に、味の素の通販事業を担当されている方からたいへん興味深い話を聞きました。「いま、味の素では、商品ブランド単位ではなく、味の素という会社とお客様の各ご家庭一軒一軒とのお付き合いを検討する動きが出てきている」と言うのです。実際に各家庭で味の素商品をどのくらい買っているかを調査してみると、「クノール」からお付き合いがはじまって、最終的に、「ほんだし」に辿り着く、そういう家庭が多いことがわかってきたそうです。「これまで各ブランドがそれぞれのカテゴリーで、バラバラに競合と戦ってきたけれど、味の素という会社と各ご家庭という、しかも生涯という長い時間軸で、どのくらい買っていただくのか、そういう視点でお客様との付き合いを再検討する時代が来た」というお話でした。
市場が拡大することを大前提として、顧客を個々に分割して、新しい的（ニーズ）をつくって新ブランドを立ち上げていくというかつての戦い方が通用しなくなったいま、もう一度、企業の理念に立ち返って、自社と顧客の関係性をできるだけ、シンプルに考えてみることが求められているのだろうと思います。

私は、企業には〝顧客の課題を解決する知恵〟が集積されているのだと思います。例えば、それは食を通じて生活を楽しく豊かにするための解決策（ソリューション）かもしれません。味の素における「レシピ」は、まさにその知恵の集積だと言えます。これを起点にしながら、顧客と社会の課題（楽しく、豊かにすることも含めて）の解決策を追求する「統合知」のコミユニケーションが機能するのではないかと展望し、期待します。

「統合知」コミュニケーションの課題と展望

「節電」をテーマにした企業活動として、2社の取り組みをご紹介しました。社内の知恵を集積したダイキンと、社内の知恵を基盤にしながらも社外のネットワークも活用した味の素とは、知識の集積のカタチは異なります。但し共通するのは、自社の理念や事業の根底に通じる大きなテーマで知識を集積し、それを企業発信の知恵として、消費者に、社会に提供した点にあります。さらにこれらの取り組みに共通するのは、震災・復興対策として緊急性を重視したことから、全社内外の統合、部門間、法人間の調整が、ハイスピードで動いている点です。

このような企業の取り組みが、ますます盛んになることを祈っていますし、私自身も、企業の本質的価値に根差した、大きな構えから繰り出されるダイナミックなコミュニケーションを提案していきたいと考えます。

もはや戦いは国内だけには収まりません。海外に出ていく時代も終わり、海外からモノが押し寄せてくる時代です。本書で提案してきた通り、「3年ゴール」計画で平時のマーケティングにも、是非、「統合知」を取り入れていただきたいと考えます。そうすることで〝コミュニケーション〟が商品単位のスペック競争のためではなく、事業単位の競争優位性を高めるために機能しはじめるはずです。

終章

「統合知」／難問解決への取り組みがもたらす力

最後に、本書での提案を振り返りつつ、
「統合知」「難問解決への取り組み」から得られる
〝力〟について確認します。

企業の〝競争力〟を高める

企業の風景における最大の問題点である〝ややこしさ〟の要因は、〈課題解決〉の筋道が明らかではない、あるいは見失っていることだと申し上げました。日々の販売競争、競合ブランドとの比較競争に邁進すればするほど、事業の根底につながる本質的な問題解決コミュニケーションから乖離《かいり》して行く可能性があることを指摘させていただきました。〝スペック競争〟×〝コミュニケーション投下量の戦い〟は、一見、正しいように見えて結局は企業の競争力を削いでいるのではないかということです。

そこで、視点を変えるフレームワークとして、本書では、3Cではなく、2C＋S、つまり、顧客の課題と社会の課題との関係の中で、企業の本質的価値を追求する「構え」を取り戻すことを提案しました。さらに、ターゲットである消費者の「心理」に働きかけることばかりを考えるのではなく、企業自身の行動に焦点をあてた「構え」が重要であることも提言しました。それが「ターゲット思考のコミュニケーション」から「問題解決思考のコミュニケーション」へのシフトチェンジです。

前の第5章で見たように、日本の企業の中には知識と経験が集積されています。社内外の人的ネットワークも豊かです。問題は、その資産をいま、十分に活用できていないことではないでしょうか。

日々の競争がなくなることはないでしょう。流通の棚を獲得するためには、目の前の戦いに勝ち残らなければならないことも理解できます。しかし、いま大切なことは、「構え」をつくる、あるいは取り戻すことだと思います。それができれば、日本企業は、必ず、着実な成果を生み出す力があると私は信じています。

プロジェクトを牽引するリーダーの皆さんへ！

企業や団体や自治体の中で、〝ややこしい問題〟の解決に取り組むプロジェクト・リーダーの皆さんへ。是非、新しいコミュニケーション・リーダーシップを構築してください。それはトップダウンの縦の意思決定を十分理解したプロジェクト・リーダーの皆さんが、オープンでフラットな横のネットワークを構築することです。皆さんは、ヒエラルキートップ（経営者）と、社内外のネットワークをつなぐ重要な要の役割を担っていらっしゃいます。身内だけの閉じた空間で情報をつくる時代は終わりました。開かれた情報開発を目指しましょう。心労が多く、たいへんなポジションですが、是非、社内外の人知を集積し、難問解決にチャレンジしてください。

一方、企業経営者の皆さんへ。これからの企業コミュニケーションは、ヒエラルキートップ（経営者）である皆さんが、プロジェクト・リーダーを正しく起用して、彼らに権限を与えることから始まります。経営者自身が、プロジェクトの現場に降りて行くことも悪いことではありませんが、重要なことは、皆さんの期待に応えて、プロジェクト・リーダーが縦横無尽にオープンでフラットなコミュニケーションを展開できているかどうかです。トップとしては、そういう人材の採用と育成に時間をかけるべきでしょうし、また冷静にプロジェクト・リーダーのはたらきを評価して、不十分な場合にはリーダーを交代させることも必要です。鳥瞰《ちょうかん》をもって、それを判断いただくことが、ヒエラルキーのトップの役割ではないでしょうか。

本書では「3年ゴール」というキーワードを提示しました。恐らく、経営者の皆さんは、さらに5年、10年の視点で事業を展望されているはずです。目の前の市場競争だけに目を奪われることなく、顧客の課題と社会的課題のつながりを見通した難問解決に取り組んでいただきたいと思います。顧客との握手と、同時に世界規模で社会との握手を目指していただきたいと思います。難易度が高ければ高いほど、取り組みの成果は大きいはずですから。

以上のことが経営トップとプロジェクト・リーダーの間で理解され、実践されることで、企業の競争力は大いに高まるはずです。実践では、オープンな知見の集積、マス・コミュニケーションだけではなく、ソーシャル・コミュニケーション（ソーシャル・メディアというツールのことではなく）を取り入れた、次世代の統合型企業コミュニケーションが生まれるはずです。

社会の〝解決力〟を高める

中世のある村では、牧草地が入会地として村民全員で共有されていた。そのうち牛飼いのなかに、自分の牛を何頭もそこに連れてきて牧草を食べさせようとするものが出てくるかもしれない。そのような不心得な一人が出てくると、他の牛飼いも競って自分の牛をたくさん連れてきてそこで牧草をたらふく食べさせるようになり、結果として、みんなの財産である共有地はすっかり坊主になりはててしまうことになる（１９６８年、雑誌『サイエンス』で発表されたギャレット・ハーディンの「共有地の悲劇」）。

このモデルは、コミュニティのメンバーが自発的に協調すれば良い結果が得られることがわかっていても、個々人が自分にとって合理的な行動をとると、結果として全員にとって不利益な結果に陥るというパラドックス（正しく妥当な推論から矛盾をはらむ結論が得られる状況）を表しています。

これは寓話に限った話ではありません。ハーバード大学の政治学者ロバート・D・パットナムは、このモデルをモチーフにして、実際にイタリアで20年にわたる調査を行い、地域によって政府の統治効果に格差があることを明らかにしました。しかも、統治効果の差には、それぞれの地域における人々の「協調性」「信頼」「規範」「ネットワーク」といった無形の社会的資産＝「ソーシャル・キャピタル」がどれだけ蓄積しているのかが影響していると指摘しました（ロバート・D・パットナム・著『Making Democracy Work』／邦訳『哲学する民主主義』河田潤一・訳／NTT出版）。

これが「ソーシャル・キャピタル」であり、私のいうコミュニティの実力です。第1章でも紹介した金子郁容氏はソーシャル・キャピタルを「社会資本」と訳すと〝橋〟〝道路〟のような物質的な社会的基盤のように受け止められるので、カタカナ表記にしたと述べています。端的にいえば「公共問題に自発的に関わる行動」「地域社会の人間関係の豊かさ」を意味するというのが私の解釈です。私は、このソーシャル・キャピタルが「人を生かす力」につながっていくのだろうと考えます。

第4章の事例でご紹介した福島県二本松市ゆうきの里東和の取り組みは、まさにソーシャル・キャピタルの豊かさを示す実例だと思います。「市町村合併」や「原発事故による土壌の放射性物質汚染」などの難問解決に取り組んだ結果、地域のソーシャル・キャピタル、人を生かす力が大きく高まったと言えるのではないでしょうか。

政治的解決、市場経済的解決に続く第三のソリューションとして、「コミュニティ・ソリューション」の再起動を提言しました。これは、私たち一人一人の姿勢に関わる問題です。

都心は都心なりに、田舎は田舎の地域の特性や課題にあわせて、コミュニティのソーシャル・キャピタルを高めていく試みが必要です。一方で国家、国民のレベルでは、ここ一番の難問〝公共問題〟に際しては、オープンでフラットな議論を展開しながら解決策を見出すシステムを獲得したいものです。ここでは、メディアの役割も重要です。

地域でも、都道府県や国でも、成功、失敗を重ねながら、そういう合意形成の経験を積むことが、私たちの「ソーシャル・キャピタル」を高めるはずです。

メディアの影響が高まる

本書では、ヒエラルキー型のコミュニケーションをサポートするメディアと、ネットワーク型のコミュニケーションをサポートするメディアという新しい視点を提案しました。

改めて、誤解なきように補足しますが、「ネットワーク型のコミュニケーション」は、ソーシャル・メディアだけを指すものではありません。リアルな日常空間でのコミュニケーションもそうですし、ラジオ番組を通じたコミュニケーションもそうなり得ると考えています。そういうコミュニケーションの効率と利便性を高めるツールとして、ソーシャル・メディアは生まれてきたのだと思います。ですから、ツイッターを活用しても、政治家や大企業のトップが情報を配信するだけなら（真に「参加」「交流」が生まれないなら）、ヒエラルキー型のコミュニケーションのツールであろうと申し上げたわけです。

そしてもう一点、マス&ヒエラルキー型が衰退して、ソーシャル&ネットワーク型が中心になるということも本書のメディア論の機軸ではありません。

業界の趨勢の常ですが、最終的にはバランスの問題だろうと私は思っています。政治的ソリューションと経済的ソリューションが依然として重要な機能を担う社会では、「マス&ヒエラルキー型」のコミュニケーションが重要であることに変わりはありません。但し、第1章でも申し上げた通り、メディアの渦は以前より多様化して複雑になりました。縦方向と横方向の渦を組み合わせながら、大きなうねりを起こすことができるのかが問われています。

一方でメディア企業の皆さんには、社会との関係、公共問題の解決、公論の構築について、それぞれの立場から主導性を発揮していただきたいと思います。

本書で取り上げた、メディアおよびコミュニケーションの体系をもう一度、まとめておきます。

●生活者から見た4つのコミュニケーション空間（＝「間メディア」社会の捉え方）
●企業のマーケティングから見たメディアのタイプ・情報の種別（＝トリプル・メディア）
●難問解決とメディアの関係。不特定多数に一気に情報を配信する「ヒエラルキー支援」と、特定多数と交流しながら、コンセンサスの核心をつくっていく「ネットワーク支援」（＝小さな渦から、大きな渦へ、横の渦から縦の渦へ、うねりを生むコミュニケーションの統合）

まずは、メディア企業の方々には、その立場と役割において大いに影響力を発揮してもらい、私たちは、それぞれのメディアとどう付き合うのか、そのサービスをどのように利用するのかを考える必要があります。

〝生きる力〟を高める

〝ややこしい問題〟解決コミュニケーションの最大の効用は、取り組んだ人間の生きる力を高めてくれるということです。〝ややこしい問題〟に対峙することは当事者にとっては大きなストレスです。

しかし、問題を一つひとつひも解き、解決に向けたコミュニケーションがひとたび動きはじめれば、当事者の生命力が大きく高まります。ここでは客観的、科学的データの裏付けはありませんが、私自身が感じる「難問解決コミュニケーション」の効用を示しておきます。

●人との出会いに感謝をする気持ちが高まります。
●仲間を信頼する気持ち、相互に支援し合う気持ちが高まります。
●時間に追われなくなります。急いでも解決しないので、じっくり構えるようになります。
●利己と利他が一つになります。自分の存在をかけた「問題解決」は充実感を生みます。

その結果、人も組織も脱皮する、ひと皮むけるのです。

チームワークとして展開される「統合知」の編集活動については、組織への影響、効用についても研究の余地があると思っています。「統合知」がソリューションとして機能するのは、創造された知識だけによるものではなく、そこに関わった人間や組織の力が高まるからではないか、と考えるからです。実践ソリューションとして「統合知」の精度をさらに高めつつ、その成果をどう測るのかについても検討したいと思います。

ソーシャル・コミュニケーション・デザインという考え方

序章で〝ソーシャル・コミュニケーション・デザイン〟という概念に言及しました。ここでの〝ソーシャル〟とは、ソーシャル・メディアだけに由来するものではないことは、読者の皆さんにはご理解いただけたことと思います。

「企業の風景」「社会の風景」「マス・メディアの風景」「ソーシャル・メディアの風景」に通じる、大きな社会的なコミュニケーションの在り方をいかに設計するのか、ということです。新しいメディア、新しい手法だけではなく、これまで社会的システムとして機能してきた従来のやり方やメディアとの組み合わせ方を考える必要があります。〝ややこしい問題〟を解決するためには、現実的で高度な統合型のコミュニケーション戦略が求められます。

ここでもう一度、第3章で提示したワークフローを示します。各フェーズごとに具体的な作業項目まで示しました（図14）。

第1に問題の本質を見極めて、〈課題解決〉の筋道を明らかにします。次に**紙上、机上、ネット上だけでは完結できない**「統合知」編集のフェーズです。知識創造のための人的コーディネーション、知識やアイデアのキュレーションとエディションを行います。議題が設定され、メッセージが策定され、ストーリー構築されます。

最後に、ソーシャル・コミュニケーションとマス・コミュニケーションの2つの渦から、大きなうねりを起こす統合型のコミュニケーションの実践のフェーズです。

Phase1 課題発見

- ステークホルダーのインサイト分析（インタビュー、取材）
- コミュニケーション環境調査
- 課題の本質洞察
- 戦略設計

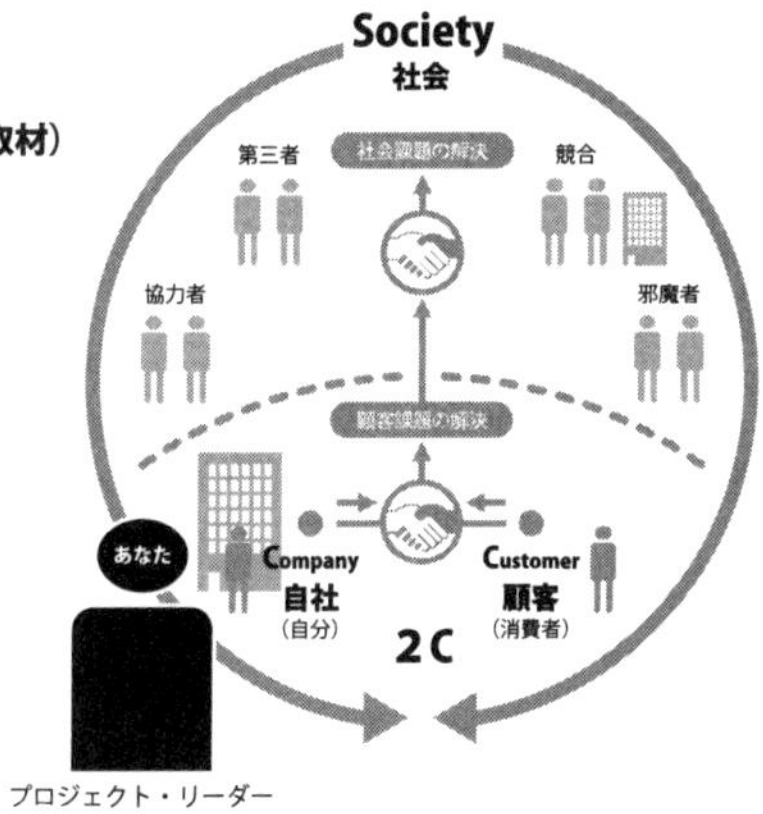

Phase2「統合知」の編集

- オーソリティ、オピニオンリーダー等人的コーディネーション
- プラットフォームの設定（場、会、座を考える）
- ストーリー設計
- メッセージの策定
- 議題設定

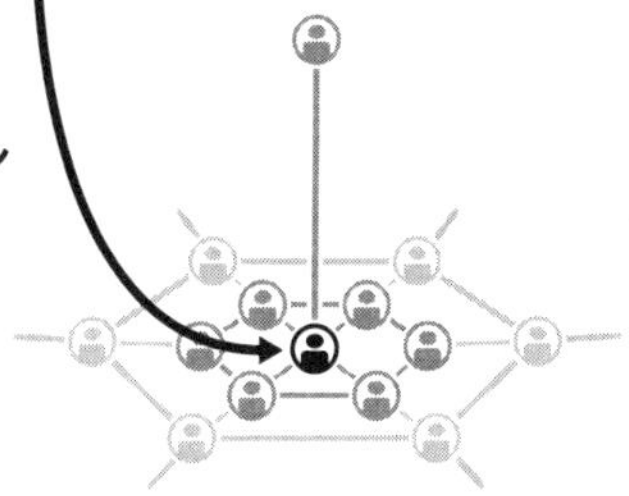

Phase3 統合型コミュニケーションの実践

- **ネットワーク型（水平方向）の拡張の戦術**
  デジタルコミュニケーション：ネットメディアとのコラボ等
  非デジタルコミュニケーション：リアルイベント等

- **ヒエラルキー型（垂直方向）の情報投下の戦術**
  トップコミュニケーション、マス広告、マスＰＲ等

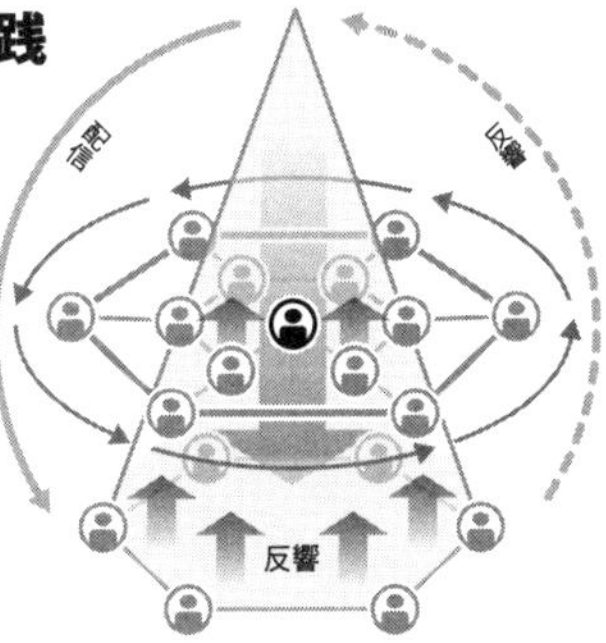

（図14　コミュニケーションワークフローまとめ）

さて、最後に私たちの会社・インテグレートの「構え」について言及します。本書で述べてきたソーシャル・コミュニケーションはインテグレートが取り組む多岐にわたる案件の一部分です。但し、全ての案件を通じて私たちが掲げる目標は「顧客の課題解決」であり、「お客様にとって最良のソリューション・パートナー（解決策を共に考える、欠かせない相棒）になること」です。その結果、日本企業の競争力が高まり、日本の社会が元気を取り戻すことを展望します。この「構え」は揺らぎません。そこに私たちインテグレートにとっての〝2つの握手〟があると確信しています。

最後までお付き合いいただき、ありがとうございました。本書で提案させていただいた「統合知」を核とした難問解決コミュニケーションが、皆さんにとって〝ヒント〟と〝刺激〟になれば幸いです。

おわりに

１９６５年（昭和40年）生まれの私が90歳まで生きたなら（かなり長生きする想定ですが）、この本を書いている２０１１年はちょうど、折り返しの中間地点にあたります。私が生まれる前の５年、死んだ後の５年を加えた１００年（１９６０年〜２０６０年）が私の生きた世紀ということになります。

１９６０年はカラーテレビが生まれた年です。昭和の高度成長期に子供時代を送りましたが、一番の仲良しはテレビでした。バブル期の終盤に社会人デビューを果たしますが、その後、低成長にあえぐ平成不況の中でマーケティングの仕事をしてきました。１９９０年代から約20年間、様々な企業のお手伝いをしながら、ブランドＰＲとマーケティングＰＲに取り組んできました。いま、21世紀初頭の日本は混乱と爛熟の時代を迎えています。

私たちがいま立つ２０１１年を後世の歴史家たちは、とてもエポックメイキングな年と評価するかもしれません。１０００年に一度と言われる大地震が東日本を襲った年です。未曾有の不況で苦しみながらも、新しい世紀がはじまって10年を経て、ようやく新しい時代のカタチを探りつつあった年です。２００９年の自民党から民主党への政権交代から2年が経過しました。

〝ややこしい問題〟が山積する中での大震災でした。

一方で、マーケティング業界で言えば、マス中心のコミュニケーションから、ネット、さらにソーシャル・メディアが世界的にも隆盛を誇り、特にフェイスブックが世界を席巻するタイミングでもありました（ちなみにマーク・ザッカーバーグの映画『ソーシャル・ネットワーク』が日本で公開されたのも２０１１年です）。いずれにしても、日本の国内外で、政治も経済も社会も、そしてメディアもテーブルをひっくり返したような、とっ散らかった時代でした。

タイムマシンに乗って、「時代のダイヤル」を左右に回すと、いま自分が生きている時代から、過去へ、未来へ旅することができると空想を膨らませてみます。「現在地」である２０１１年から10年前、20年前、30年前と時間のダイヤルを左回しに、巻き戻していくと、平成から昭和へ、大阪万博、東京オリンピック、新幹線、東京タワーと、なつかしい昭和の風景が鮮やかに蘇ります。逆にダイヤルを右回しに、未来に向けて進めていくと、私の想像もつかない未来がそこに映し出されます。

もし、仮に50年後の世の中に降り立つことができて、そこから、つまり２０６１年から２０１１年を振り返ることができたとしたら、私は何を見て、何を感じるでしょうか。２０１１年の〝最先端〟は、50年後には新しくもなんともなくなっているはずです。２０１１年の〝大問題〟は歴史の一コマになっていることでしょう。

50年先から振り返ったときに、いま私が取り組んでいる仕事の何が残っているでしょうか。50年後、東京のどこかの古本屋で、あるいは図書館で（古本屋や図書館がまだあるかどうかわからないけれど）、私と同じ仕事に取り組む後輩が書棚の片隅にあるこの本を手にとってくれたのなら、それは本当にうれしいことだろうなと想像しました。そこで50年後の後輩たちに何を遺せるだろうかと思いながら、この本を書いてきました。

昨日と比べて、今日の新しさが強調されることがあります。「新しいメディア」「新しいマーケティング」「新しいコミュニケーション」が声高に主張されることがあります。けれど、半世紀先から振り返れば、今日という日は、過去と決別する新しい幕開けの一日ではなく、むしろ、１００年の世紀を2つに分ける折り返しの一日でしかないかもしれません。

私は昨日と明日をつなぐものとして今日があるのだと思います。過去50年とこれから先50年をつなぐものを考えたい、そして、私自身もそのつながりの欠片《かけら》でありたいと思っています。50年後の後輩たちに、少しでも役立つものを遺せたらと願うばかりです。

最後までお付き合いいただき、ありがとうございます。ご静聴、いや、最後までお読みいただいたことに心から感謝いたします。またどこかで、お会いできればと思います。その時は、お気軽に声をかけてください。

謝辞

この本の執筆にあたり、快く取材にお応えいただいた皆様に、心から感謝します。

梅本千鶴さんと魚鱗癬患者会の皆さん。株式会社ガリバーインターナショナルと株式会社Blabo、「ガリバー×タッグプロジェクト」の皆さん。NPO法人ゆうきの里東和ふるさとづくり協議会の皆さん。ダイキン工業株式会社/節電プロジェクトの皆さん。味の素株式会社/節電レシピプロジェクトの皆さん、ありがとうございました。

執筆中、惜しみないサポートをしてくれた講談社の戸塚隆さん、瀬尾傑さん、伊藤亮さんと、インテグレート萩原千史さん、熊谷有加さん、福原栄彦さん、ありがとうございました。皆さんのおかげで〝完走〟できました。

今回も執筆の機会と時間を与えてくれたビジネス・パートナーである藤田康人さんと、インテグレートのスタッフに感謝します。いつもありがとうございます。

そして、私を支えてくれる3人の子供たちと妻に、深謝‼

最後に、〝福島が再び輝きを取り戻す日〟を目指す皆さんに、ありがとうございました!

これからもよろしくお願いします。

参考文献

・宮台真司著、『日本の難点』幻冬舎、2009年
・魚住昭著、『官僚とメディア』角川書店、2007年
・W・リップマン著、掛川トミ子訳、『世論（上）（下）』岩波書店、1987年
・金子郁容著、『コミュニティ・ソリューション―ボランタリーな問題解決にむけて』岩波書店、1999年
・遠藤薫著、『間メディア社会と〈世論〉形成―TV・ネット・劇場社会』東京電機大学出版局、2007年
・安宅和人著、『イシューからはじめよ―知的生産の「シンプルな本質」』英治出版、2010年
・松岡正剛著、『知の編集工学―情報は、ひとりでいられない。』朝日新聞社、2001年
・内田樹著、『街場のメディア論』光文社、2010年
・マイケル・E・ポーター稿、「戦略の本質」『Diamond Harvard Business Review』Feb-Mar 1997、1997年
・マイケル・E・ポーター著、竹内弘高訳、『競争戦略論ⅠⅡ』ダイヤモンド社、1999年
・本田哲也著、『戦略PR―空気をつくる。世論で売る。』アスキー・メディアワークス、2009年
・山本七平著、『「空気」の研究』文藝春秋、1983年
・横山隆治著、『トリプルメディアマーケティング―ソーシャルメディア、自社メディア、広告の連携戦略』インプレスジャパン、2010年
・フィリップ・コトラー、ヘルマワン・カルタジャヤ、イワン・セティアワン著、恩藏直人監訳、藤井清美訳、

『コトラーのマーケティング3・0―ソーシャル・メディア時代の新法則』朝日新聞出版、2010年
・ジョシュ・バーノフ、テッド・シャドラー著、黒輪篤嗣訳、『エンパワード―ソーシャルメディアを最大活用する組織体制』翔泳社、2011年
・シャーリーン・リー、ジョシュ・バーノフ著、伊東奈美子訳、『グランズウェル―ソーシャルテクノロジーによる企業戦略』翔泳社、2008年
・野中郁次郎、紺野登著、『知識経営のすすめ―ナレッジマネジメントとその時代』筑摩書房、1999年
・藤田康人著、『どう伝わったら、買いたくなるか―絶対スルーされないマーケティングメッセージのつくり方』ダイヤモンド社、2011年
・遠藤薫著、『間メディア社会における〈世論〉と〈選挙〉―日米政権交代に見るメディア・ポリティクス』東京電機大学出版局、2011年
・遠藤薫稿、「ネットは09年衆院選をどう報じ、どう論じたか」『Journalism』2009.11 no.234、2009年
・小出裕章著、『小出裕章が答える原発と放射能』河出書房新社、2011年
・佐藤卓己著、『輿論《よろん》と世論《せろん》―日本的民意の系譜学』新潮社、2008年
・井上礼之著、『人の力を信じて世界へ―私の履歴書』日本経済新聞出版社、2011年
・ロバート・D・パットナム著、河田潤一訳、『哲学する民主主義―伝統と改革の市民的構造』NTT出版、2001年

装幀　　中川英祐（有限会社トリプルライン）
編集　　伊藤亮
編集協力　株式会社インテグレート

現代プレミアブック

統《とう》合《ごう》知《ち》

〝ややこしい問題《もんだい》〞を解決《かいけつ》するためのコミュニケーション

2012年1月31日　第1刷発行

著　者　山田《やまだ》まさる

発行者　持田克己

発行所　株式会社 講談社

〒112-8001 東京都文京区音羽 2-12-21

編集部　03-5395-3762

販売部　03-5395-4415

業務部　03-5395-3615

印刷所　凸版印刷株式会社

製本所　株式会社国宝社

JOURNAL LABO
KODANSHA

ISBN978-4-06-295073-2 N.D.C.674 248p 19cm